DECIDE GANAR

TRANSFORMA TU VIDA DE DECISIÓN EN DECISIÓN

TOM ZIGLAR

Publicado por
Unilit
Medley, FL 33166

Primera edición: 2022

Título del original en inglés:
Choose to Win
(Published by arrangement with Thomas Nelson, a division of HarperCollins Christian Publishing, Inc.*)*

Traducción: *Concepción Ramos*
Edición: *Nancy Pineda*
Maquetación: *producioneditorial.com*
Cubierta*: Micah Kandros*

Producto: 495963

ISBN: 0-7899-2623-7 / 978-0-7899-2623-4

Categoría: *Vida cristiana / Vida práctica / Autoayuda*
Category: *Christian Living / Practical Life / Self-Help*

Impreso en Colombia
Printed in Colombia

«He leído muchos artículos y libros todo el año. He recibido de este libro metas factibles, más que de ningún otro. Desde el primer día, comencé a poner en práctica algunos de los principios que nos revela Tom. Cuando la mente y el corazón trabajan juntos, puedes lograr cualquier cosa. Esto es lo que Tom ha logrado: conectar le mente con el corazón».

Jimmy Hiller, *Hiller Plumbing, Heating, Cooling and Electrical*

«En *Decide ganar*, Tom Ziglar nos muestra formas de lograr objetivos para convertirnos en quienes estamos diseñados para ser, y guiar al lector a través de la Rueda de la Vida utilizando fascinantes historias personales y un toque de humor».

Charles Ho, inversionista en personas y bienes
inmobiliarios, sindicador multifamiliar

«Lleno de pepitas de oro. Mi favorita es que la manera más rápida de tener éxito es sustituir los malos hábitos por los buenos».

Guy Kawasaki, evangelista jefe de la compañía Canva
y autor de *Wise Guy: Lessons from a Life*

«¿Y quién no escogería ganar? Sin embargo, ¿cómo transformar ese sentimiento en estrategia? ¿Y cómo ejecutar la estrategia? Para contestar esas dos preguntas cruciales, debemos darle las gracias a Tom Ziglar. Este libro lleva al lector del deseo a la determinación, y de la timidez al triunfo. ¡Gana, sí, gana!».

Rabino Daniel Lapin, autor de *Thou Shall*
Prosper y *Business Secrets from the Bible*

«En *Decide ganar*, Tom Ziglar revela siete decisiones de pequeños cambios graduales que pueden transformar tu vida. Este libro ha causado un impacto profundo en mi manera de pensar».

Ryan Levesque, autor número uno en los
superventas a nivel nacional *Choose.* y *Ask.*

«Es absolutamente esencial desarrollar una consciencia más elevada de nuestro poder para decidir. Es la clave para crecer y tener éxito, y no atrofiarnos y fracasar. Esto está maravillosamente ilustrado en *Decide ganar*».

Greg McKeown, autor del superventas, según el *New York*
Times, *Essentialism: The Disciplined Pursuit of Less*

«Todavía es posible elegir el carácter, la sinceridad, el amor y la lealtad para que nos pongan en la senda del verdadero éxito. Estos son principios eternos que honran el nombre y el legado Ziglar».

Dan Miller, autor del superventas, según el *New*
York Times, *48 días para amar tu trabajo*

«Te encantará el libro y te fascinará el hombre. Durante los últimos siete años he viajado por el mundo con Tom Ziglar. He estado profundamente involucrado con su negocio y su familia. No encontrarás una persona más sincera para ayudarte que Tom. ¡Este libro te permitirá elegir los hábitos que contribuirán a ganar en la vida!».

Howard Partridge, *coach* empresarial internacional

«¿Quieres vivir una vida feliz, con buena salud, relaciones sólidas, éxito y prosperidad? ¡Claro que sí! Todos queremos ser ganadores en la vida y, como bien lo explica Tom Ziglar, vivir para ganar es una decisión. *Decide ganar* es un libro práctico con principios probados por el tiempo que cambiarán tu vida de manera radical. No solo lee este libro, ¡resalta lo que te habla, devóralo, aplícalo y elige ser ganador en la vida!».

Michelle Prince, autora, oradora y editora

«Tuve la bendición de llamar a Zig Ziglar mi amigo, y ahora tengo la misma bendición con su hijo, Tom. Lo vi crecer a través de los años y convertirse en un líder dotado y sé que los principios que se encuentran en *Decide ganar* cambiarán tu vida. Este es un libro imprescindible para cualquiera que desee cambiar las cosas y hacerse cargo de su futuro».

Dave Ramsey, autor de superventas y presentador
de un programa de radio de difusión nacional

«*Decide ganar* es lo que podemos esperar del nombre Ziglar en 2019: positividad sencilla, realista y factible basada en el carácter, la integridad y las cualidades del éxito de Ziglar, ilustrado con historias de la vida, familia y conocidas amistades de Tom. Desde lo básico como el sueño, la dieta y el ejercicio, hasta una que otra pepita de oro que no sabías que habías perdido y que dan en el clavo, Tom muestra qué hacer para crear tu legado».

Dr. Joshua Spodek, profesor de liderazgo y
autor de *Leadership Step by Step*

«¡*Decide ganar* es un libro que todos deben leer! ¡Tom Ziglar nos ha dado una verdadera obra de arte en este libro!».

Logan Stout, empresario, autor, orador, fundador y
director ejecutivo, *IDLife* y *Dallas Patriots, Inc.*

ELOGIOS PARA *DECIDE GANAR*

«Me llevó más de treinta años escribir mi primer libro. Desearía haber leído primero el de Tom; me habría dado cuenta de que podía haber escrito uno mucho antes. Decide leer este libro y luego decide seguir los consejos increíblemente útiles que contiene, a fin de ver cuán poderosa puede ser una decisión».

Jon Acuff, autor del superventas, según el *New York Times*,
¡Termina! Descubre la clave para lograr tus objetivos

«El nombre de la familia Ziglar ha sido sinónimo de éxito por décadas. Tom Ziglar ofrece un nuevo enfoque y nos muestra cómo el éxito siempre es una decisión».

Brian Buffini, *Buffini & Company*

«¡*Decide ganar* se escribió para ayudarnos a cada uno de nosotros en el viaje de la vida, comenzando hoy con una claridad particularmente poco común para motivar la acción donde se necesita! Gracias, Tom, por agregar de inmediato un valor significativo a mi patrimonio neto como individuo».

Larry R. Carpenter, presidente/director
ejecutivo, *Carpenter Hotel Group, LLC*

«Un hombre sabio dijo una vez que si quieres ayudar a alguien a levantarse, mejor que estés en un terreno más alto. Tom Ziglar escribió un libro brillante desde un plano más alto. Está escrito con claridad, ofrecido con confianza e ilustrado con destreza. Los conceptos y cartas presentados en el libro traen el deseo de elección al borde de la página y luego obligan a la imaginación del lector a asumir la responsabilidad. En mi mente, esa es la definición de la sabiduría desde un plano más alto. Leer este libro te bendecirá, y aplicar los principios que te presenta te bendecirá otra vez».

Krish Dhanam, autor y orador

«*Decide ganar* es el perfecto manual moderno no solo para aprender a transformar tu vida, sino para hacerlo de manera sencilla y eficaz. Cautivador, inspirador y lleno de increíble significado, este libro es una lectura esencial para cualquiera que quiera llevar su meta y su legado al próximo nivel».

Chris Ducker, autor del superventas *Rise of the Youpreneur*

«Creo que ser un líder eficaz es una decisión que comienza con elegir los hábitos que producirán de forma automática las cualidades de carácter que todo líder necesita. *Decide ganar* es el libro perfecto que llega en el momento adecuado para ayudarnos a identificar y poner en práctica los hábitos necesarios para ser el mejor líder posible».

Dina Dwyer-Owens, embajadora de la marca *Neighborly*; copresidenta de *The Dwyer Group*

«Tom tiene una manera maravillosa de tomar lo complejo y simplificarlo. ¿Cómo lo logra? Haciendo preguntas, preguntas desafiantes. Preguntas que pueden ser difíciles de contestar. Preguntas que te has pospuesto responder. Y una vez que las abordas, Tom te da una guía para usarlas a fin de encontrar las respuestas y construir tu legado personal».

Bryan Flanagan, flanagantraining.com

«Enfocándose en siete aspectos de la vida: éxito personal, desarrollo profesional, salud física, cohesión familiar, paz mental, independencia financiera y bienestar espiritual, *Decide ganar* ofrece una guía paso a paso para encontrar el verdadero éxito y construir un legado duradero. Conozco a Tom en lo personal y lo profesional, y te puedo asegurar que practica lo que predica».

Jason Frenn, orador internacional y autor de superventas

«Leí este libro de principio a fin de una sentada, tomando notas en el proceso. Te recomiendo de manera encarecida que leas *Decide ganar* por lo menos dos veces. La primera vez por puro disfrute. Vas a querer saborear cada una de las entretenidas historias de Tom. La segunda vez, te sugiero que destaques todos los principios y las sugerencias para crear tu mejor versión. Esa decisión la puedes tomar hoy. Este libro es una guía práctica para crear una vida con más éxito, significado y propósito».

Gerhard Gschwandtner, director ejecutivo, *SellingPower.com*

«Siempre me ha encantado la filosofía de Zig Ziglar de Ser la persona adecuada, *Hacer* lo apropiado, a fin de *Tener* todo lo que puede ofrecer la vida. ¡*Decide ganar*, de Tom Ziglar, es el plan de acción para Ser, Hacer y Tener!».

Kevin Harrington, tiburón original de *Shark Tank*; inventor del publirreportaje

¿Cuáles serán tus últimas palabras a tus seres queridos?

Este libro se los dedico a mis padres, Jean y Zig Ziglar. Ambos me lo dieron todo. Sus palabras, acciones y fe en Dios siempre fueron claras y rotundas, y dejaron eco en mi corazón. Con su ejemplo me enseñaron a decidir ganar.

Si alguien hubiera podido escribir el prólogo de este libro, serían mamá y papá. Entonces, me di cuenta de que lo hicieron.

Las últimas palabras escritas de mi padre para mí fueron: «A mi hijo, a quien amo y de quien estoy orgulloso y agradecido. Romanos 8:28».

For My Son who I love
and am Very proud and grateful for
Rom 8-28

Papá estaba luchando contra el alzhéimer, y se nota que le costó escribir la frase, tanto que se puede ver su corazón en la escritura. Las últimas palabras de mamá fueron en el hospital, cuarenta y ocho horas antes de pasar a la eternidad. Mientras me iba, me hizo señas para que volviera. Me incliné, ella me tomó por el cuello y susurró a mi oído: «Estoy taaaaaan, taaaaaan orgullosa de ti, y te amo taaaaaanto».

Mi mamá y mi papá dejaron un legado que perdurará por la eternidad. Fue por diseño, por las decisiones que tomaron.

Tú también puedes dejar un legado por diseño.

Así que te pregunto de nuevo: ¿Cuáles serán tus últimas palabras?

CONTENIDO

PRIMERA SECCIÓN: TODO COMIENZA CON *POR QUÉ*

SEGUNDA SECCIÓN: EL PLAN DE LAS SIETE DECISIONES

TERCERA SECCIÓN: ¿CUÁNDO COMENZAR?

Primera sección

TODO COMIENZA CON *POR QUÉ*

Como orador y *coach* ejecutivo, quizá la pregunta más común que escuche sea: «Tom, no estoy seguro de que lo que hago en mi vida hoy en día sea lo adecuado. ¿Tienes algún consejo para mi *qué*?». Entonces, me cuentan sus frustraciones con el trabajo, la carrera, el negocio o su rumbo en la vida. Solo les respondo con otra pregunta: «¿Por qué haces tu *qué*?». Nueve, de cada diez personas, se encogen de hombros y me dan una respuesta incoherente.

Es importante aclarar tu *por qué*, pues hacerlo le abre las puertas al *qué* y transforma *cómo* lo haces todo. La planificación se convierte en algo divertido, y dar un paso más en todo lo que haces es ahora tu forma de vivir la vida.

Cualquiera puede tener un día, una semana y hasta un mes increíbles, pero para que tu *cómo* sea extraordinario toda la vida, necesitas un gran *por qué*. Te tengo buenas noticias: descubrir tu *por qué* es una decisión. Y cuando tu *por qué* es claro, el *cómo* se transforma y le abre múltiples puertas al *qué*.

Capítulo 1

¿CUÁL ES TU *POR QUÉ*?

Define el éxito, el significado y el legado

¿Cuál es tu *por qué*?

Acababa de concluir un evento donde hablé cuando se me acercó un joven.

—Creo que lo que dijo acerca de las metas y encontrar el *por qué* es cierto, pero yo me conozco y sé que comenzaré a trazarlas por unos tres días y luego me distraeré. ¿Cómo me puedo mantener enfocado en hacer lo que sé que necesito hacer?

Mientras conversábamos, le hice algunas preguntas. Supe que tenía casi treinta años, cuatro hijos menores de seis años, un buen empleo y era un hombre de alto desempeño. Quería controlar su futuro sin estar a merced de su empleador. Quería equilibrar el éxito en todas las esferas de su vida.

Como no teníamos mucho tiempo para hablar, me volvió a presionar para que le contestara.

—¿Cómo comienzo a trabajar de manera constante para lograr mis metas?

—¿Has tomado lo bastante en serio comenzar a dedicar quince minutos al día para construir la vida que quieres tener? —le pregunté.

—Sí —me respondió.

—¡Fantástico! Esa es mi recomendación. Necesitas crear varios hábitos que influyan en todo lo demás que haces. Quiero que comiences tu día haciendo estas tres cosas: Primero, aparta los primeros quince minutos del día. ¿Crees que puedes hacerlo?

—Sí —me dijo.

—Dos, necesitas cambiar tu forma de pensar y cómo te ves a ti mismo. Hemos creado las tarjetas Ziglar de diálogo interno, están en la página 251, que me gustaría que te las leyeras mientras te miras al espejo. Ya tienes dentro de ti todas las cualidades para el éxito: disciplina, integridad, lealtad, y unas treinta y cinco más; solo necesitas reconocerlas, reclamarlas y desarrollarlas. Esta práctica diaria cambiará tu opinión sobre ti mismo, y esto transformará tu comportamiento, lo que te dará el resultado que deseas. ¿Te puedes comprometer a leerlas cada mañana? Solo te lleva unos tres minutos.

—Sí, puedo —declaró.

—Tres, quiero que inviertas unos doce minutos y revises las cuatro metas principales por las que trabajas ahora y, entonces, planifiques tu día y le asignes prioridades. Este es el momento de reconfirmar tus mayores prioridades y metas, y comprometerte a hacer lo que te dará la vida que quieres. ¿Puedes hacer esto también?

—Sí —me dijo—, pero yo me conozco. Comenzaré, y al cabo de unos tres días, volveré a mis hábitos de quedarme despierto mirando televisión o jugando videojuegos. ¿Cómo me mantengo enfocado?

Este hombre decía en voz alta lo que casi todo el mundo piensa:

Sé que no debo, pero...
El plan daría resultado si yo no fuera tan...
Sería maravilloso, pero...

Ya te haces una idea.

—Si hicieras estas cosas todos los días, ¿ganarías algo? —le pregunté.

—Sí, por supuesto —me contestó.

—¿Cómo?

—Ah, cambiaría mi vida. Tengo muchas grandes cosas que quiero hacer, y sé que puedo...

—¡Fantástico! —le dije—. ¿Qué quieres decir con cambiar tu vida? ¿Más dinero?

—Sí.

—¿Más de diez mil dólares al año?

—Sí, fácilmente.

—Eso parece bueno, así que vale la pena levantarse quince minutos más temprano. ¿Qué opinas?

—Sí, pero yo *me conozco*. Después de tres días, lo dejaré.

—Tengo una propuesta para ti que creo que te ayudará a mantenerte en curso. Formar y mantener un hábito lleva unos sesenta y seis días. Te propongo que me escribas un cheque por diez mil dólares hoy y que, durante los próximos sesenta y seis días, empieces cada día como te sugerí y me envíes a diario un mensaje de texto diciéndome que cumpliste con el tiempo de preparación de quince minutos. Al concluir los sesenta y seis días, si lo hiciste todos los días sin fallar, te devolveré tus diez mil dólares. Si fallaste solo un día, yo me quedo con el dinero. ¿Crees que lo lograrás así?

—Sí. Sé que lo haría. No hay duda al respecto —respondió.

—¿Por qué lo harías en la segunda situación cuando me dijiste que en la primera ganarías diez mil dólares también?

—Miedo a perder, supongo.

Me encanta la gente sincera.

Este es el caso: ¡es una decisión!

Crear la vida que quieres es una decisión. El joven estaba en su zona de comodidad. No le costaba mucho esfuerzo. Darme los diez mil dólares hubiera elevado el nivel de inconformidad lo suficiente para motivarlo a despertarse quince minutos más temprano todos los días. ¿No es así que vive la mayoría de la gente? Paseando por la vía lenta de la mediocridad. Solo se cambian de carril para evitar un accidente o después del accidente.

Piénsalo bien.

La gente se toma en serio un presupuesto cuando el embargador aparece para llevarse su auto.

La gente toma en serio su salud cuando se ven en una silla de ruedas de camino al quirófano para colocarle un *stent* en el corazón.

La gente toma en serio su matrimonio cuando el cónyuge le pide el divorcio.

La buena noticia es que no tiene que ser así. Todos necesitamos lo que no veía este joven. Un *por qué* claro y bien definido. Un sueño tan grande y persuasivo que lo atraiga como un imán.

¿Cuál es tu *por qué*? ¿Cuál es tu sueño?

¿No tienes uno todavía? Está bien. Prepárate. Este libro te ayudará a llevar tu jornada de supervivencia a la estabilidad, al éxito, al significado y, por último, al legado.

Quizá tengas un *por qué* y sueños grandes, pero no sabes cómo lograrlos. Perfecto. Estás en el lugar apropiado.

SUPERVIVENCIA

Cuando no sabes a dónde vas, cualquier camino viene bien.

El modo de supervivencia es cuando no sabes quién eres ni en quién te quieres convertir. Tu meta solo es sobrevivir un día más y pagar las facturas. La gente en modo de supervivencia aceptará casi cualquier empleo que satisfaga sus necesidades básicas, sin importarle si le gusta, pues no cree que tenga otra alternativa. Si otros dictan lo que debes hacer y tú lo aceptas porque sí, es probable que estés en modo de supervivencia.

ESTABILIDAD

«Sé lo que quiero».

La estabilidad es cuando sabes lo que quieres y quién quieres ser. Ya no te dirigen los vientos de la vida; más bien, te motiva el deseo de ser la persona que Dios quiso que fueras. Quizá no sepas con exactitud a dónde te lleva la vida, pero sabes en qué dirección vas, y te entusiasma crecer como persona. Cada oportunidad que aceptas está basada en tu forma de entender lo que quieres de la vida y no solo en la opinión de otros.

ÉXITO

¿Cuál es tu definición del éxito?

Lo lamentable es que mucha gente lo define mal. El éxito es más que dinero, fama o cosas buenas. Escuché un anuncio por radio de un bufete de abogados que se especializa en casos de custodia infantil. Les hablaba a los hombres que habían cambiado su salud y relaciones familiares por el éxito profesional y ahora, aunque tienen mucho dinero, no pueden comprar su salud ni sus familias. Si vas a vivir para ganar, necesitas equilibrar el éxito en las siete esferas de la vida: mental, espiritual, física, familiar, personal y profesional. Este concepto lo aprendí de mi padre, Zig Ziglar, a muy temprana edad, y crecí viéndolo trabajar a diario en estos aspectos.

> «El éxito es la máxima utilización de las habilidades que Dios te dio».
> ZIG ZIGLAR

Una de las expectativas que nos hemos creado es medir nuestro éxito contra los logros de otros; pero pronto nos damos cuenta de que alguna gente tiene más que nosotros en ciertas cosas y que otros tienen menos. Me gusta escuchar historias de éxito, y a menudo me inspiran, pero ninguna define mi potencial para el éxito.

Los que tienen una mentalidad de éxito adecuada entienden que la forma en que vemos nuestro futuro es mucho más importante que nuestro pasado, lo que hacen los demás o nuestras circunstancias actuales.

Por más de cuarenta años tuve el privilegio de ver a mi padre hablarles incontables veces a miles de personas. Mi papá hipnotizaba a la audiencia, y ellos reían, aprendían y creían en sí mismos. ¿Cómo lo hacía? Les daba esperanza.

Con regularidad le pedía a su audiencia que hicieran dos cosas. Primero, decía: «Levanta la mano si en los próximos siete días hay algo que puedes hacer en tu vida personal, empresarial, familiar o espiritual que *empeore* tu vida».

Después de escuchar esta primera petición, murmuraban sorprendidos, atónitos de que el hombre más optimista y positivo del planeta les pidiera que consideraran una pregunta tan negativa. ¡Por supuesto que es posible hacer algo que empeore la vida! Puedes cortarte un dedo, insultar a tu jefe... la lista es interminable.

Entonces, hacía la segunda petición: «Levanta la mano si en los próximos siete días hay algo que puedes hacer en tu vida personal, empresarial, familiar o espiritual que *mejore* tu vida».

Después de esta petición, ¡yo miraba a la audiencia y veía miles de manos levantadas! Por supuesto que puedes mejorar tu vida. Puedes enviar un mensaje de «Te quiero» a un familiar o a un amigo cercano. Puedes hacer ejercicio, comer sano, dormir más de siete horas... la lista es interminable.

Aquí está el punto en la mentalidad de éxito. La esperanza nace cuando comprendes esto: *tienes el poder de mejorar o empeorar las cosas, y la decisión es tuya.*

Tú decides. *Decide ganar: Transforma tu vida de decisión en decisión* trata sobre convencerte a ti mismo para usar el poder que ya tienes para crear la vida que deseas en realidad.

«Pero *mi* situación es única», tal vez digas. «Quizá usted tenga el poder, o que otros tengan el poder, pero yo no. Usted no entiende la situación que estoy atravesando».

Cierto. Una mentalidad de éxito es fácil de describir, pero no de lograr. Hay que trabajar. Primero debes creer que tienes el poder de mejorar las cosas. Después, tienes que actuar y cambiar tu forma de ver el pasado.

Reclama el pasado

Cuando hago asesoría a ejecutivos, me encanta hacer esta pregunta en tono fuerte: «¿Bromeas?». Este concepto lo aprendí de uno de mis mentores, Dale Dodson. Dale es un empresario exitoso y presidente de nuestra junta, pero como todas las personas que conozco, ha experimentado considerables desafíos y reveses. A menudo me hacía preguntas difíciles de negocios, y yo le daba motivos acerca de por qué no se podía hacer algo, y me decía: «¿Bromeas?». Entonces, me explicaba que a menudo la razón por no hacer algo era la misma razón por la que debiera hacerse.

Hace algunos años tuve una reunión de asesoramiento con una persona que luchaba con sus circunstancias actuales. Había perdido toda su confianza en su capacidad para hacer su trabajo. Él y su esposa trabajaban el sector inmobiliario, y en la cúspide de la crisis de viviendas de 2008, sus ingresos combinados cayeron de cuatrocientos mil dólares a menos de setenta mil. En lo financiero, lo perdieron casi todo, el matrimonio sufrió y casi se divorcian. Cuando hablé con este hombre, el matrimonio se encontraba estable, pero el mercado de viviendas no se había recuperado y su carrera había tocado fondo.

Así se desarrolló nuestra conversación:

—Tom, no creo que pueda continuar trabajando en bienes raíces. ¿Quién quiere que trabaje para ellos? Lo hemos perdido todo. ¿Por qué querrá alguien hacer negocios conmigo?

—¿Bromeas? —le contesté.

Del otro lado del teléfono hubo silencio.

—¿Bromeas?

—Tom, no entiendo. ¿Por qué me preguntas eso?

—Déjame preguntarte algo más. Desde la crisis, ¿sabes hacer un negocio de bienes raíces mejor o peor?

—Ah, sé mucho más que antes. He tenido que usar una gran creatividad. Los negocios fáciles ya no existen —contestó.

—¿Qué porcentaje de transacciones existen ahora en el mercado que tienen que ver con personas en situaciones desesperadas? — le pregunté.

—La mayoría —me dijo.

—Entonces, me estás diciendo que ahora sabes mucho más acerca de los bienes raíces que hace unos años, y la mayoría de la gente en el mercado está experimentando ahora el mismo dolor que has experimentado tú. Tienen miedo, y no saben cómo hacer funcionar las cosas.

—Sí, eso es cierto —me contestó.

—¿Bromeas? —le volví a preguntar.

—No entiendo tu pregunta, Tom.

—Me dices que sabes más ahora acerca de los bienes inmobiliarios que lo que sabías en toda tu vida, que has sentido en lo personal el dolor y el miedo de circunstancias muy difíciles, y que la mayoría de tus clientes y posibles clientes están en el mismo bote. Yo lo veo así: Ahora más que nunca estás en la posición apropiada para ayudar a otros. Por lo que sé de ti, creo que puedes ayudar a tus clientes mejor que cualquier otra persona en tu mercado, pues vives con integridad, has luchado y has ganado la batalla por salvar tu matrimonio. Ahora más que nunca, el mercado te necesita a ti, a tus habilidades y a tu experiencia.

—¡De acuerdo! ¡Cielos! No lo había visto de esa manera —respondió.

Entonces hablamos de lo que podía realizar para hacer crecer el negocio, enfocándonos en la solución, no en el problema. Ya él había reconocido el problema, lo cual es bueno, pero obsesionarse por esto no era la solución. El ingrediente clave del éxito es enfocarse en la solución y actuar.

Nada ha cambiado en su vida, solo su perspectiva de las circunstancias. Antes de hablar, las circunstancias eran el motivo para darse por vencido. Después de nuestra conversación, las circunstancias fueron la leña que avivó el fuego del motivo para continuar.

Como una semana después de nuestra conversación, recibí un correo suyo de siete páginas a un espacio, describiendo a un nuevo cliente. Había buscado en su posible clientela, y había llamado a los dueños de casas cuyas propiedades las habían sacado del mercado porque no se vendían. La respuesta de una mujer no ofrecía esperanza porque, según ella, el mercado estaba malo, se estaba divorciando, y de todas formas su futuro exmarido no estaba de acuerdo con vender.

Él le contó acerca de su experiencia en el mercado y algo de sus luchas familiares personales, y le dijo que le gustaría ayudarla. Sin nada que perder, ella accedió en dejarlo hacer el intento y dijo: «Tienes que convencer a quien pronto será mi exmarido».

Me explicó cómo transcurrió la llamada no solicitada para conocerlo; estaba viviendo en casa de un amigo. Le dijo que trataba de ayudarlo y le contó algo de sus propias circunstancias. Los hombros del hombre se desplomaron y estuvo de acuerdo en que era hora de seguir adelante, y firmó los papeles.

¡Hizo el negocio!

¿Y tú? ¿Cambiarás tu mentalidad en cuanto a tu pasado? Nuestro amigo cerró el negocio a causa de lo que había sufrido, y solo sucedió porque decidió ver su pasado como motivo para avanzar y no para darse por vencido.

Te cuento estas historias para darte ánimo y esperanza. No importa dónde estés en la vida, no importa cuáles han sido tus errores pasados o circunstancias fuera de tu control, *puedes mejorar o empeorar las cosas ahora mismo, y la decisión es tuya.* Tu pasado es importante porque te pone en una posición única para ayudar a otros en el futuro como nadie más puede hacerlo. Al cambiar la forma de ver tu pasado, comienzas a construir hoy el éxito de tu futuro.

> «El éxito es la realización progresiva de una meta o ideal digno».
> EARL NIGHTINGALE

El verdadero éxito es espiritual, y a menudo debe purificarse en el horno antes de que crezca en significado.

Podemos describir el éxito como lo que logramos por nosotros mismos. Uno de los productos secundarios del éxito es la felicidad. Si buscas otro *por qué*, aquí has encontrado uno grande. Creo que todos queremos ser felices. Cambiar tu forma de pensar acerca del éxito y progresar hacia un objetivo o un ideal digno le traerá felicidad a tu vida.

¿Quieres ser feliz? ¡Procura el éxito adecuado!

SIGNIFICADO

Sin siquiera darse cuenta, nuestro amigo, el agente inmobiliario, fue del éxito al horno al significado.

El significado está en un nivel diferente por completo. El éxito y la felicidad son circunstanciales, y se basan casi siempre en la causa y el efecto. Esto es bueno, pero también puede ser temporal y depende de lo próximo que hagas, y lo próximo que hagas, y lo próximo que hagas.

El *por qué* del significado es simple. La felicidad es fantástica, pero hay algo mejor: el gozo. El gozo es el producto secundario del significado.

....

El significado es cuando ayudas a otros a ser, hacer o tener más de lo que pensaron que fuera posible.

....

El gozo puro viene cuando ayudas a los demás. El gozo es el fruto de tu labor cuando tus palabras y tus acciones permiten que otros alcancen el potencial que tienen dentro de sí. Por eso ser padres es tan gratificante, tan frustrante y tan sobrecogedor al mismo tiempo. Nuestros corazones quieren lo mejor para nuestros hijos, y no hay mayor gozo en la vida que ayudarlos a desatar su potencial. El gozo no depende de las circunstancias ni de cómo te va en lo personal. El gozo se puede sentir en cualquier momento.

El *por qué* del éxito es bueno. ¡El *por qué* del significado es más que bueno!

A menudo, ir del éxito al significado requiere que pasemos un tiempo en el horno, y a nadie le gusta el horno. ¿Cuántas veces en tu vida has dado o recibido consejo que fue significativo y útil solo porque se purificó en el horno de la vida? Nuestro amigo el agente inmobiliario no pudo haber ayudado como lo hizo sin haber estado en el horno, y el horno lo preparó para el significado. ¿Estás tú dentro del horno ahora? Cambia tu manera de pensar, sabiendo que el tiempo en el horno te está preparando para tu significado.

Este concepto del horno de la vida lo conversé con DeWayne Owens. DeWayne es un viejo amigo, pastor y capellán de nuestros entrenadores certificados del legado Ziglar. Estábamos hablando de la historia de Job en la Biblia. Job tenía todo lo que podías tener en la vida. Tenía éxito en todo. Entonces, perdió sus posesiones, sus amistades y hasta sus hijos. Estaba en un verdadero horno. DeWayne me señaló algo que me conmovió. Dios le restauró a Job todo al doble y, entonces, sucedió algo maravilloso (Job 42:15). Job fue en contra de la cultura. Tenía tres hijas, y a todas les dio una herencia, quebrantando las normas sociales y la costumbre de su tiempo, cuando solo a los hijos varones se les reconocía de esta manera. ¿Por qué lo hizo? ¿Será que el horno le ayudó a comprender lo que significa tener menos que nada para que cuando le restauraran tuviera la compasión de bendecir a todos sus hijos?

«Me alegro de que te haya sucedido»

Para nuestra empresa fue una bendición tener a Amy Jones en el equipo por varios años. Amy es una maravillosa oradora y autora que murió hace algunos años. Nunca olvidaré su historia del horno, y cómo su forma de pensar cambió por completo cuando comprendió de qué manera el fuego le permitió ayudar a otros.

Su esposo desapareció de pronto después de diez años de matrimonio. No dejó nota. Ni indicación alguna de que se marcharía. Nada. El temor, la preocupación, el caos y la inseguridad eran arrolladores. ¿Lo habrían asesinado o herido, o estaría enfermo mentalmente? Nadie sabía.

Amy presentó a la policía una denuncia como persona desaparecida, y para que la policía pudiera hacer algo, como sucede con las ventas de casas o autos, tuvo que presentar numerosos documentos legales. Pasó un año antes de saber que su esposo estaba vivo todavía. Resulta que tuvo una crisis mental y vivía como un vagabundo a más de tres mil kilómetros de distancia. Durante ese tiempo, ella entabló una amistad con una mujer donde trabajaba que la recibió, la apoyó emocionalmente y hasta la invitaba a sus reuniones familiares. Esto significó todo para Amy.

Esta señora le ofreció ayuda en todo lo que pudo. Un día, Amy la invitó a la iglesia para que se sentara a su lado como apoyo. La señora le dijo que iría con su familia, no porque creyeran en Dios (ese no era el caso), sino porque querían apoyarla. Con el paso del tiempo, empezaron a ir regularmente con Amy a la iglesia y, como resultado, toda la familia se hizo cristiana. Amy me contó que meses después de esto, un día en que se sentía muy deprimida, comenzó a quejarse con su amiga y le preguntó: «¿Por qué tuvo que sucederme esto a mí? ¿Por qué a mí?».

Amy me dijo lo que la señora le respondió. «Amy, sé que esto no te será fácil escucharlo, pero *me alegro de que te sucediera*. Ni yo ni mi familia hubiéramos conocido a Dios de no ser por esta situación».

De repente, el horno cobró significado y propósito para Amy, y ella vivió el resto de su vida sabiendo que su horno terminó bendiciendo a su amiga y a muchos otros. Con este entendimiento, el propósito de Amy pasó del éxito al significado.

La esperanza. El éxito. El significado.

Y el legado.

¿Cuál será tu legado?

Construir un legado intencional le da significado y propósito a tu vida.

LEGADO

....

El éxito y el significado son peldaños en el camino hacia el legado.

....

Este es el *por qué* más importante de todos: el legado. El legado es eterno. Tu legado se extenderá por toda la eternidad. Puedes tropezar con el éxito (al menos con la definición de éxito del mundo), pero el significado y el tipo de legado adecuado son intencionales. ¿Quieres ser feliz? ¿Quieres una vida llena de gozo? ¿Quieres que tu vida tenga significado y propósito? Entonces, ¡haz de tu legado tu meta!

Siempre en mis conferencias, le pregunto a la audiencia: «Levanten la mano si desean dejar un legado». No importa si estoy en Polonia, Singapur, Holanda o Papúa Nueva Guinea, ¡el cien por ciento de las manos se levantan! ¿Y tú? ¿Quieres dejar un legado? Tengo noticias para ti. Vas a dejarlo. La pregunta es: ¿será intencional o por suerte?

....

El *legado* es enseñar y transformar los hábitos que desarrollan el carácter, la integridad y la sabiduría, los cuales se extenderán por la eternidad.

....

Lee esa cita otra vez. Es importante. Lo que eliges hoy. Lo que haces hoy. Lo que decides hoy. Todo se extenderá hacia la eternidad.

El legado es mucho más que una herencia. Un día, estaba almorzando con mi buen amigo Bill Porter y me contó del desafío de uno de sus clientes. El hombre era dueño de más de veinte pozos de petróleo, y trabajaba con un planificador patrimonial para dejarles los pozos a sus hijos. Su mayor preocupación era cómo darles un pozo al año para que no despilfarraran el dinero de una vez y siempre tuvieran una reserva. Le dije a Bill que sí, su cliente iba a dejar una gran herencia, pero mientras que no les transfiriera el carácter y la sabiduría a sus hijos, su legado era incierto.

....

La herencia es física;
el legado es espiritual.

....

Después de tu muerte, la herencia que dejas se divide según tu testamento o según las leyes del país si no tenías testamento. Los bienes físicos se distribuyen una vez pagadas las deudas de la herencia. Estos bienes físicos se transfieren a los destinatarios designados. El legado es mucho más grande y mucho más amplio que la herencia porque es espiritual.

El legado es la reputación, el carácter, la integridad y la sabiduría que se transfiere con éxito.
El legado no es dinero; es vivir una vida que crea dinero como resultado de ser bien vivida.
El legado es transferir los hábitos que forjan buenas relaciones con la familia, los amigos, los colegas, los clientes y Dios.

¿Has notado alguna vez a alguien con una mala actitud? No hablo de alguien que no esté teniendo un buen día, sino del patrón de comportamiento que refleja su actitud. Tomemos, por ejemplo, la actitud de derecho.

....

La actitud es un reflejo del carácter,
y el carácter es un reflejo del hábito.

....

Alguien con una actitud de derecho tiene un defecto de carácter creado a través de malos hábitos. La actitud opuesta al derecho es la gratitud. La gratitud solo es enfocarse en lo que ya tenemos. El hábito de la gratitud se desarrolla reconociendo día a día las cosas grandes y pequeñas que mejoran nuestra vida. Dando gracias así, enseñamos al cerebro a buscar más cosas por las que estar agradecidos.

Las personas con altos niveles de gratitud son más felices, más generosas y más agradables. ¡También pasan menos tiempo en prisión que quienes se sienten con derecho! Sí, lo leíste bien. Las personas que se sienten con derecho justificarán tomar lo que no les pertenece porque «No es justo. Ellos tienen algo que yo no tengo, y la única forma en que lo obtendré es tomándolo». Todo lo contrario para las personas agradecidas, pues se dan cuenta de que tienen tanto que están dispuestos a compartir con otros lo que tienen.

La fricción entre el derecho y la gratitud es solo un ejemplo de lo que creas en tu legado. Vas a influir en los que te rodean, y esa influencia crea tu legado. ¡La buena noticia es que la forma de influir en los demás es tu decisión!

¿Y si tu legado se convirtiera en tu *por qué*? Solo tú puedes dejar tu legado. Eres único, creado por Dios con dones y

> «Te diseñaron para el logro, te trazaron para el éxito y te dotaron con la semilla de la grandeza».
> ZIG ZIGLAR

talentos que solo tú tienes. Solo tú has vivido tu vida y has pasado por tus hornos. Nadie más posee tus experiencias. Nadie más puede dejar tu legado. Solo tú puedes dejar tu legado.

El legado que dejes se extenderá por la eternidad. ¿Las ondas que creas impulsarán a tus seres queridos a sus propias vidas de éxito, significado y legado? ¿Estás dispuesto a dejar a la suerte algo tan grande? Haz del legado tu *por qué* y da los pasos necesarios cada día, y experimentarás mayor éxito y significado en tu jornada.

¿Por qué quieres ser conocido? ¿Qué reputación quieres que tenga tu familia? Cuando la gente hable de ti y de tu familia cuando no estás presente, ¿qué quieres que digan? Responder a estas preguntas es el primer paso que debes dar para empezar a crear tu legado intencional.

Quiero que empieces a pensar en las palabras y frases clave por las que quieres que tú y tu familia sean conocidos. A la familia Ziglar se le conoce por varias de ellas. Las primeras que me vienen a la mente son *esperanza* y *aliento*. Recuerdo que de niño le preguntaba a mi papá lo que hacía. Siempre decía: «Hijo, vendemos esperanza. Ahora más que nunca, las personas necesitan esperanza y aliento. Si las ayudamos de esta manera, les daremos el valor para dar un paso al frente e intentarlo». Es más, por años mi papá enseñó la clase de los Alentadores en la Escuela Dominical de nuestra iglesia. Si alguna vez le oíste hablar o escuchaste una grabación, sé que te darás cuenta de que siempre dejaba a la audiencia con una dosis grande de esperanza y aliento.

Dos palabras más por las que se conoce a la familia Ziglar son *carácter* e *integridad*. Esta es nuestra reputación como marca. Cuando la gente le preguntaba a papá cuál era la razón principal de su éxito, siempre contestaba: «carácter e integridad». Uno de los hábitos más importantes que papá nos dejó fue siempre hacer lo bueno, sin importar cuán difícil ni cuán fuerte fuera la tentación de tomar el camino corto.

Unos cuantos años antes de su muerte, le pregunté cuál era la segunda razón de su éxito, y me respondió: «La constancia persistente». Entonces me explicó: «La constancia es cuando tienes un objetivo que vale la pena lograr, y trabajas por él todos los días, o tan a menudo como sea necesario. La persistencia es hacer un poquito más mientras trabajas constantemente por ese objetivo». En síntesis, papá decía que la clave del éxito eran carácter e integridad, y su ética de trabajo (constancia persistente).

¿Por qué palabras quisieras que se conozca a tu familia? *¿Amor? ¿Bondad? ¿Valor? ¿Generosidad? ¿Rareza?* Sí, ¡dije rareza! Me explico. Les pregunté a mis amigos Betty y Charles Ho por cuáles palabras querían que conocieran a su familia. Una de las palabras que Charles escogió fue *rareza*. Sonriendo, le pregunté por qué.

Charles dijo: «Sencillo. Cuando nos sentamos alrededor de la mesa a discutir cosas con nuestra familia sobre lo que está pasando en la escuela y en la vida, parece que, como familia, decidimos hacer exactamente lo contrario de lo que hacen todos los demás. Nuestra hija Elizabeth dijo: "Papá, nosotros somos raros", y la palabra se convirtió en un sello de honor para nuestra familia. Pensamos que si hacemos lo contrario a la cultura popular, ¡nos irá muy bien!».

¿Por qué palabras quisieras que se conozca a tu familia? ¿Palabras que cuando se viven se extenderán por toda la eternidad y de la mejor manera? No te preocupes si todavía no las dominas. Esas palabras son el futuro y el legado que vas a crear. Escríbelas en un papel o en tu diario.

¿Cómo te sientes al reclamar las palabras por las que quieres que se conozca a tu familia? Más adelante en el libro entraré en detalles sobre cómo puedes hacer que estas palabras formen parte del ADN de tu familia a través de decisiones sencillas que se convierten en hábitos que crean un legado.

En este momento quiero que sueñes un poco conmigo.

¿Has pensado alguna vez acerca de la casa de tus sueños? Quizá estés en la etapa de la vida cuando solo sobrevives, esperando llegar a la próxima semana. Está bien. Aun así puedes soñar, y los sueños te dan la inspiración y la motivación que necesitas para seguir caminando hacia adelante. Tal vez ya tengas definida la casa de tus sueños, y cuando cierras los ojos, la puedes ver. O puedes estar viviendo en ella ahora, y cuando cierras los ojos, ¡sueñas con tus nietos viviendo en la casa de sus sueños! Dondequiera que estés en el camino, ven conmigo por un segundo y piensa en la casa de tus sueños.

¿Dónde está localizada? ¿En las montañas? ¿En una playa? ¿Junto a un lago o en una finca familiar? Es la casa de tus sueños, así que escoge. Ahora, completa los detalles. Usaré la mía como ejemplo. La casa de mis sueños está en las montañas, rodeada de árboles. Todo lo que puedes escuchar es el sonido del arroyo con truchas que corre junto a la casa. El aroma de los pinos está en el aire. La fachada de la casa, de tres pisos, está orientada hacia los picos de las montañas y tiene muchas ventanas para disfrutar de las vistas. El portal a todo alrededor siempre ofrece un lugar para encontrar la luz del sol y la sombra, y es perfecto para una tranquila taza de café durante los devocionales de la mañana o para una fiesta familiar junto a la parrilla. No se pueden ver las casas de los vecinos, pero están a menos de cinco minutos de camino, y a poca distancia hay muchas rutas de senderismo y buenos lugares para pescar.

Parece maravilloso, ¿verdad? La cosa se pone mejor. Tengo suficientes dormitorios para que nos visiten toda mi familia y un montón de amigos. Tenemos un carrito de golf, con la bolsa lista, y un hermoso y desolado campo de golf a solo diez minutos. La cocina es perfecta, con todos los extras, y mi oficina es lo bastante grande para que los clientes me visiten y usen el dormitorio para invitados con su propia vista espectacular desde el portal, una pequeña cocina y una sala de estar. Hay varias chimeneas adentro para disfrutar mientras observamos la nieve, y también un brasero para esas conversaciones profundas y llenas de significado que solo suceden a la luz de las llamas en las frías noches de las montañas.

¡Y ya hemos escuchado suficiente acerca de la casa de mis sueños! ¿Cómo es la tuya? No te acobardes. Es tu casa. Escribe algunos detalles en tu diario.

- ¿Dónde está localizada? (Descríbelo en detalles. ¿Junto a un lago? ¿En las montañas? ¿En una hermosa playa?).
- ¿Cuántos dormitorios tiene?
- ¿Qué rodea a la casa de sus sueños?
- ¿Qué características especiales tiene (oficina privada, cocina *gourmet*, brasero, piscina, etc.)?

¿Te das cuenta? ¡Fantástico! Ahora quiero que imagines que estás en la casa de tus sueños sentado en el portal, disfrutando de tu vista favorita. El clima es perfecto, con una brisa suave. El sol te provee la cantidad adecuada de calor. Pero la cosa se pone mejor. Es tu cumpleaños, y estás reflexionando sobre todo lo que tienes y por lo que estás agradecido. Sonríes al contar tus bendiciones.

Pero la cosa se pone mejor. No solo es tu cumpleaños, también estás celebrando una reunión familiar. Todos tus seres queridos celebran contigo. No solo tus familiares de sangre, sino tus amistades y otros a quienes has «adoptado» en tu familia. Ahora la casa de tus sueños está llena de vida, y te sientes sobrecogido de gratitud por los sonidos y los olores.

Pero la cosa se pone mejor. No es cualquier cumpleaños, hoy cumples ochenta años. Tu mente está clara, y físicamente te sientes bien. Mientras sonríes, tu rostro brilla de contentamiento, y con ese sentir de «saber» que has hecho todo lo posible para preparar a tus seres queridos a fin de hacerse camino por la vida después que te vayas. Estás ciento por ciento satisfecho y en paz con todos los que amas, y ciento por ciento seguro de lo que te depara la eternidad.

Entonces, lo escuchas. Dos de tus nietos juegan al lado de la casa donde los puedes ver y escuchar. El de once años de la costa este le pregunta a su prima de nueve años de la costa oeste: «¿Conoces las palabras que definen nuestra familia?».

«Sí», le respondió, y se las recita.

Imagínate que esto te sucediera a ti. ¿Cómo te sentirías?

Te tengo buenas noticias: *¡La decisión es tuya!* Puedes hacer hoy, y todos los días, las cosas que determinarán tu legado y que se extenderán hacia la eternidad. Todo comienza con la esperanza. Sin esperanza no lo intentarás siquiera.

Asegúrate de definir como es debido el éxito, pues esto determinará tu dirección y, al final, tu felicidad. En el significado es que se encuentra el gozo de la vida, al ayudar a otros a ser, hacer y a tener más de lo que pensaron que fuera posible.

Decide ganar: Transforma tu vida de decisión en decisión. El éxito y el significado son peldaños en el camino al legado. Cuando el legado es tu *porqué*, el *cómo* y el *qué* cobran vida. ¡Comencemos!

Capítulo 2

¿CUÁL ES TU PLAN?

Sustituye un mal hábito por uno bueno

Todo comenzó con una pregunta.

Recuerdo el momento como si fuera ayer. Le hablaba a un grupo de ciento cincuenta empresarios e inversionistas en Melbourne, Australia. El sábado 25 de julio de 2015 era un día fresco y nítido, y la sesión iba de maravilla. Cuando los eventos duran el día completo, le doy al grupo bastante tiempo para hacer preguntas. A mitad de la sesión de la mañana, un hombre de treinta y tantos años levantó la mano y preguntó: «¿Cuál es la manera más rápida de tener éxito?».

Esto puede sorprenderte, pero en mis cincuenta años de experiencia en el campo del éxito personal y profesional, ¡nunca nadie me había hecho esa pregunta! (Aclaración: Tengo cincuenta y cuatro años, así que reclamo cincuenta años de experiencia, ya que Zig Ziglar es mi padre. Técnicamente, he trabajado en la industria por veintidós años). Tuve que pensar con rapidez. Unos ciento cincuenta pares de ojos me estaban mirando. De mi boca salieron estas palabras: «*La manera más rápida de tener éxito es sustituir los malos hábitos por los buenos*».

La próxima pregunta, por favor.

Poco después tomamos un descanso y, al volver, el anfitrión del evento, Steve McKnight, comenzó la siguiente sesión con un resumen de la sesión matutina. Yo estaba recostado contra la pared, esperando que Steve me llamara, cuando dijo: «¿Escucharon lo que Tom dijo antes del descanso? Escriban esto. Tom dijo: "La manera más rápida de tener éxito es sustituir los malos hábitos por los buenos"».

Cuando contesté la pregunta frente al grupo, fue una respuesta espontánea provocada por la presión del momento. Cuando Steve la citó, bueno, me pareció bastante inteligente. ¡Hasta yo lo escribí! A medida que avanzaba en el resto del día, seguía apareciendo en mi mente. No dejaba de pensar en que la cita era de otra persona.

Lo primero que hice cuando llegué a mi habitación al final del día fue una búsqueda en Google: ¿Quién dijo que la manera más rápida de tener éxito es sustituir los malos hábitos por los buenos? Había multitud de libros y estudios acerca de los hábitos y el éxito. Pero nadie lo había dicho con tal sencillez.

¿Será verdad? ¿Habré descubierto algo nuevo?

En todos mis años como presidente ejecutivo de Ziglar, Inc., y conociendo en persona a los más grandes pensadores, investigadores, autores y oradores en el mundo del desarrollo personal, sé que para que algo sea eficaz por un largo tiempo debe producir por lo menos tres cosas. Debe

- inspirar esperanza,
- basarse en la verdad, y
- ser fácil de implementar.

Pongamos a prueba mi enseñanza. Si solo sustituyeras los malos hábitos con buenos hábitos, y lo hicieras a menudo, ¿cambiaría tu vida?

¿No es ese el problema que enfrentamos? Sabemos que las cosas pueden mejorar. Es más, creemos que deben mejorar. Estamos *cansados* de estar enfermos y cansados, de no tener suficiente margen en nuestras vidas para respirar, de relaciones que nos quitan energía, de no tener suficiente dinero para hacer lo que nos gusta cuando queremos hacerlo. Sin embargo, cada vez que tratamos de hacer un cambio, o de buscar ayuda, nos abrumamos con la complejidad, el compromiso del tiempo, el gasto y las exigencias radicales.

¿Y si la respuesta fuera sencilla y directa?

Al día siguiente del programa de Melbourne, volé tres horas y media hasta Darwin para otro evento. Cuatro días más tarde volé otras tres horas y media hasta Sídney. Dos días después volé cuatro horas a Port Moresby, Papúa Nueva Guinea, y luego tres días más y volví a mi casa en Plano, Texas. En todos esos eventos probé y consideré esa declaración y la usé en todos.

Apliqué la Rueda de la Vida que mi papá adoptó para ver si mi declaración se mantenía. Apliqué mi filosofía sobre los hábitos a la Rueda de la Vida, e hice un descubrimiento que es el mensaje central de este libro y que se trata en la segunda sección: «El plan de las siete decisiones». En esa sección, evaluarás con cuidado cada una de las siete categorías, e identificarás los hábitos que quieres cambiar. No obstante, antes de embarcar en ese plan transformador, necesitas entender la Rueda de la Vida.

LA RUEDA DE LA VIDA

La rueda es una manera simple, pero profunda, de tomar una fotografía de tu vida. Todos tus sueños y batallas caerán en una de esas siete categorías de la vida: mental, espiritual, física, familiar, financiera, personal y profesional. Para disfrutar del verdadero éxito, debes florecer en cada una de esas esferas.

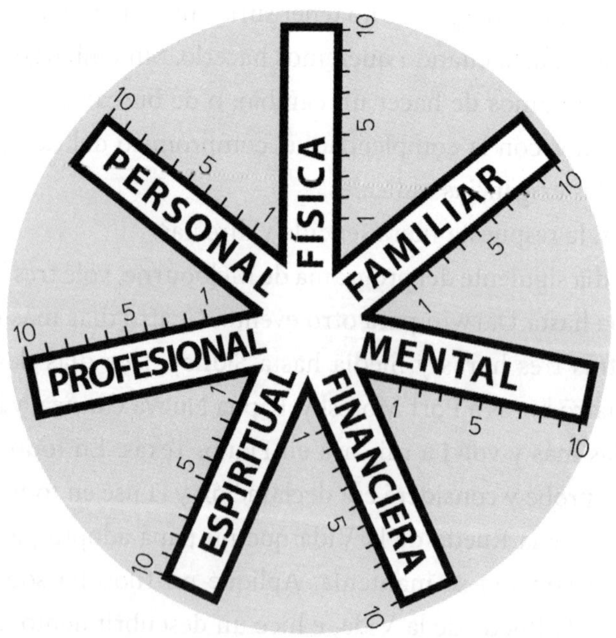

Como cada radio de la rueda representa una de estas categorías, en una vida de éxito todos los radios serían del mismo tamaño. Si alguno de los radios fuera más corto, la rueda ya no sería redonda y andar en esa rueda sería muy incómodo y con muchos sobresaltos.

Fíjate en el diagrama y evalúate rápidamente en cada aspecto. Dibuja un punto junto al número en cada radio que refleja la manera en que crees que te va en esa esfera. Al terminar, conecta los puntos de radio a radio.

¿Cuán suave sería el viaje? ¿Tienes un neumático pinchado? Si ves que luchas en una de las esferas, esto afectará toda tu vida. Si quieres aprender más sobre esto, visita www.ChoosetoWin/WheelofLife.com, toma el examen de evaluación que contiene preguntas acerca de cada radio de la rueda y los resultados te darán una mejor idea acerca de tu condición.

El descubrimiento

¿Qué pasaría si tomaras cada radio de la Rueda de la Vida y simplemente remplazaras malos hábitos con buenos hábitos? ¿Qué piensas?

- ¿Mejoraría tu vida mental?
- ¿Mejoraría tu vida espiritual?
- ¿Mejoraría tu vida física?
- ¿Mejoraría tu vida familiar?
- ¿Mejoraría tu vida financiera?
- ¿Mejoraría tu vida personal?
- ¿Mejoraría tu vida profesional?

¿La respuesta? ¡Sí, sí, sí, sí, sí, sí, sí! ¡Siete veces *sí*!

El descubrimiento es una manera sencilla y probada de que *tú* puedes cambiar y tomar el timón de *tu* vida.

Da resultado, pues es fácil de implementar.

....

La manera más rápida de tener éxito es sustituir los malos hábitos por los buenos.

....

Te recomiendo que te enfoques en sustituir un hábito malo con uno bueno cada semana. Mira cómo funciona este plan semanal:

Cada semana, identifica un mal hábito en una esfera en específico de tu vida, y sustitúyelo con uno bueno en la misma esfera. Hay siete esferas en la vida, así que cada semana trabaja en una y luego muévete a otra la próxima semana. ¡En siete semanas habrás mejorado en todas las esferas de tu vida!

Por ejemplo, si escoges el radio físico de la Rueda de la Vida, quizá tengas por hábito beber una soda diaria, y decides sustituir ese hábito con uno mejor de tomar una botella de agua todos los días por una semana. Cuando llegue la segunda semana, continúas con ese hábito y escoges otro radio de la rueda. Al final de las siete semanas, has sustituido un hábito malo en cada esfera de tu vida con uno nuevo. Al terminar el año, has sustituido cincuenta y dos malos hábitos con cincuenta y dos buenos hábitos, ¡y tu vida habrá cambiado de manera radical!

LA FILOSOFÍA DE LAS TERMITAS

....

«Los huracanes y los terremotos reciben toda la publicidad, pero lo cierto es que las termitas dañan más las casas... ¡y con mordiscos muy pequeños!».

ZIG ZIGLAR

....

Me encanta la idea de los mordiscos pequeñitos. Disfrutar de más éxito, crear una vida de significado y dejar un legado todo comienza con mordiscos pequeños. ¿Te ha sobrecogido alguna vez el tamaño de un proyecto o una meta? A mí sí. «La filosofía de las termitas» consiste en reducirlo a pequeños mordiscos. Esta simple idea, combinada con sustituir un mal hábito con uno bueno, es transformadora.

Piénsalo de esta manera: Un mal hábito es como cavar un hoyo. Muchos malos hábitos cavan un hoyo profundo. Para salir de ese hoyo tienes que dejar de cavar y comenzar a construir una escalera para poder salir.

Crear la vida que quieres solo es sustituir los malos hábitos pequeños (dejar de cavar) con buenos hábitos pequeños (construir la escalera).

Primera regla: ¡Deja de cavar!
Segunda regla: ¡Construye la escalera!

¿Sientes que la esperanza comienza a despertar? Cuando defines tu *por qué* con claridad (construir el éxito, crear significado y dejar un legado) y un plan sencillo para llegar, creas esperanza, y la esperanza te da el valor para intentarlo.

Decide ganar: Transforma tu vida de decisión en decisión. Esto te ayudará a crear un plan para luego crear la vida de tus sueños de la manera más rápida.

Recuerda: *La manera más rápida de tener éxito es sustituir los malos hábitos por los buenos.*

¿Qué pasaría si...

- en vez de beber una soda llena de azúcar, bebes un vaso de agua todos los días? Respuesta: perderías ocho kilos en un año (suponiendo que todo lo demás se quede igual).

- en vez de no reconocer a tus amistades y seres queridos, le escribieras una nota a alguien diciéndole que le amas? Respuesta: te sorprendería cuántas personas no saben que te preocupas por ellas y te apreciarán mucho más.
- en vez de no planificar tu día, lo comienzas con diez minutos de planificación? Respuesta: te sorprenderías de cuántas cosas importantes lograrías hacer.
- en vez de poner el teléfono sobre la mesa a la hora de comer, hicieras de este tiempo una zona libre de teléfono? Respuesta: esperarías con anticipación el tiempo de la cena con tu familia.
- en vez de estar sentado por horas en tu escritorio, te levantaras a propósito y te movieras por cinco minutos cara hora? Respuesta: se te ocurrirían ideas brillantes, pues estarías renovado a través del día.

ES UNA DECISIÓN

Tus decisiones de hoy se convierten en tu realidad mañana.

Decide hacer hoy las cosas que crean tu éxito.
Decide hacer hoy las cosas que forjan tu significado.
Decide hacer hoy las cosas que establecen tu legado.

Cuando la construcción de tu legado se convierte en la dirección a la que te diriges, el éxito y el significado son partes del viaje.

El *cómo* es sencillo: identifica tus malos hábitos y sustitúyelos por buenos hábitos.

TIEMPO DE REFLEXIÓN

Tómate unos minutos ahora mismo y reflexiona sobre las siguientes preguntas, luego escribe las respuestas en tu diario. No te apresures. ¡Esto es importante!

- ¿Qué legado quieres dejar?
- ¿Qué hábitos necesitas para construir ese legado?
- ¿Qué hábitos tienes que son piedras de tropiezo?

¿No estás seguro? ¿Estancado? No pasa nada. El resto de este libro es una guía paso a paso sobre cómo crear el plan que construirá el legado que deseas dejar.

SOLO EMPIEZA

Hace unos años, asistí al funeral de Fred Smith, un ejecutivo de negocios y cristiano laico. Fred fue el mentor de mi padre y el hombre más sabio que he conocido. Fred vivió una vida asombrosa e influyó en la flor y nata de los influentes a través de su tutoría, sus escritos y sus conferencias. Durante el servicio pusieron un vídeo de Fred que grabó poco antes de fallecer. En el vídeo, Fred explicó que la mayor lección en sus noventa y tres años la aprendió en su último año de vida.

Durante gran parte del último año de la vida de Fred, estuvo inválido por completo, dependiendo de su hija Brenda

> «Cuando Dios pone algo en tu corazón para que lo hagas, tu única responsabilidad solo es empezar. Dios no te da la fortaleza para vencer, te da la fortaleza mientras vences».
>
> FRED SMITH

para todo. Muchos días apenas tenía fuerzas para abrir los párpados y mucho menos darse la vuelta o sentarse. Fred aprendió su mayor lección en este tiempo de completa dependencia física y agotamiento.

Fred dijo que se despertaba por la mañana con la certeza de que Dios había puesto algo en su corazón que sabía que tenía que hacer. Entonces, «negociaba» con Dios sobre por qué no podía hacerlo. Tenía dolor. No tenía energía. Se sentía horrible. Estaba exhausto. Se estaba muriendo. Y luego Fred dijo que sabía que nunca ganaría una negociación con Dios, así que llamaba a Brenda y comenzaba a dictarle lo que Dios puso en su corazón. Ahí fue cuando se dio cuenta: solo necesitaba actuar y obedecer. Los resultados dependerían de Dios.

¿Qué ha puesto Dios en tu corazón para hacer? ¿Qué legado quiere Él que dejes? A menudo puedes saber si viene de Dios por su tamaño. Dios tiene planes del tamaño de Dios para ti. Tu única responsabilidad es empezar. ¡Así que empecemos!

Capítulo 3

METAS

¿Cuál es tu *cómo*?

«Si apuntas a la nada, acertarás siempre».

ZIG ZIGLAR

Si quieres lograr el éxito, el significado y el legado, es importante que determines las metas. Las metas realizan la visión de tu vida. Requieren un blanco claro, un plan que llevar a cabo y pasos de acción para ejecutarlo. En otras palabras, primero debes comprometerte a usar un sistema, luego debes identificar los pasos para lograrlo y, entonces, tienes que ejecutar esos pasos. Ningún sistema funciona si no lo haces.

Hay muchos sistemas disponibles dignos de notarse, pero creo que el Sistema Ziglar para Establecer Metas es el más poderoso y probado en el mundo para convertir un sueño en una meta y una meta en realidad. Déjame darte un poco de ánimo en cuanto a por qué escoger este sistema.

¿Te parece que ganarte cien dólares en un minuto es un buen uso de tu tiempo? ¡A mí sí!

En enero de 2015, estaba asesorando a Michael Watts, uno de nuestros entrenadores certificados del legado Ziglar. Michael me explicó que quería llevar los ingresos de su negocio de $ 1,7 millones, donde había estado estancado por cuatro años, a $ 2 millones en 2015. Esto le permitiría una buena ganancia y darles unos cuantos bonos a sus empleados. Estuve de acuerdo con él en que era una buena meta y muy realista, a pesar de que su industria, la remodelación residencial, había pasado por momentos difíciles debido a la economía y a la crisis hipotecaria de la vivienda.

Michael preparó una buena estrategia con tres elementos esenciales:

- Claridad: sabía con exactitud lo que quería lograr y el porqué.
- Un plan: el Sistema Ziglar para Establecer Metas le permitió crear un plan que se podía ejecutar a diario y que podía controlar.
- Contabilidad: se comprometió a revisar sus metas a diario y a llamarme con regularidad. Michael usó en específico el planificador de desempeño Ziglar para lograr esto.

A medida que progresaba el año, Michael se mantuvo encaminado trabajando su plan. En octubre lo llamé para pedirle una actualización, y me dijo que lograría la meta de $ 2 millones a principios de noviembre. ¡Estaba emocionado!

Sin embargo, no tanto cuando hablé con él de nuevo en enero de 2016.

—Michael, ¿cómo terminaste el 2015?

—Tom, fue fantástico. En realidad, llegamos a $ 2,3 millones en el año.

—¡Qué bueno! —le dije—. Es increíble. Tu meta de $ 300 000 para el año era factible, pero agresiva; un incremento del 18 %. ¡Doblaste la meta! ¡Casi 36 %!

Entonces, le hice una pregunta.

—Michael, entiendo cómo pudiste lograr ir de $ 1,7 a $ 2 millones en ventas. Es un gran aumento, pero factible si te mantenías enfocado. Ahora bien, ¿me puedes decir qué hiciste para lograr los $ 300 000 adicionales e ir de $ 2 a $ 2,3 millones en ingresos? —le pregunté.

Hubo una larga pausa antes de contestar.

—Tom, lo único que hice que me permitió ganar los $ 300 000 adicionales fue que revisaba las metas todos los días —dijo por fin.

—¿Eso es todo? —le respondí—. ¿Le das crédito al hecho de que revisabas tus metas sin falta todos los días?

—Sí —me dijo.

Mi mente corría. *Eso es demasiado simple*, pensé. Entonces, me entusiasmé.

—Michael, los $ 300 000 adicionales en ingresos por encima de tu meta es un promedio de $ 25 000 al mes; el año tiene doce meses, 12 x $ 25 000 = $ 300 000.

—Cierto, Tom.

—Michael, sabemos que la gente que revisa sus metas a diario invertirá unos seis a diez minutos al día haciendo esto. ¿Dirías que ese fue tu caso?

—Así es, Tom. Yo revisaba mis metas, actualizaba mis actividades y, luego, hacía una lista de los pasos a seguir. En realidad, no me llevaba mucho tiempo.

—Entonces, lo que me dices es, Michael, que hiciste una inversión de ocho minutos al día. Un mes tiene como promedio treinta días, así que eso significa que hiciste una inversión total de doscientos cuarenta minutos revisando tus metas. ¿Te das cuenta de lo que me acabas de decir? ¡Por cada minuto de inversión revisando tus metas cada día ganaste cien dólares en ingresos! ¡Eso es increíble!

Te pregunto de nuevo. ¿Te parece que ganarte cien dólares en un minuto es un buen uso de tu tiempo? ¿Te puedo escuchar decir SÍ con letras mayúsculas?

Te cuento esta historia acerca de Michael Watts por una simple razón: *tú* puedes hacer lo que hizo Michael para lograr tus propias metas.

Michael hizo tres cosas muy importantes que hacen todos los que logran sus metas, y son parte del Sistema Ziglar para Establecer Metas:

1. Escribió las metas en detalles.
2. Trabajó en ellas todos los días.
3. Tuvo un compañero para rendirle cuentas.

¿Y tú? ¿Tienes una meta que valga la pena lograr? Si tu respuesta es sí (y sé que lo es), ¿puedes hacer esas tres cosas? ¡Por supuesto! Ahora bien, hazme un favor: busca tu bolígrafo y tu diario, y escribe esta frase, incluyendo tu meta: ¡Puedo, y haré [escribe aquí tu meta]!

Se convirtió en algo personal, ¿verdad? Si parece que estoy hablando contigo, es porque lo estoy. Lo que te voy a contar es transformador, pero solo si lo haces. Pensar en esto no cambiará nada, pero hacerlo lo cambiará todo.

La realidad es que no pienso que la idea de un sistema para ponerte metas sea lo bastante fuerte. En lugar de llamarlo «sistema para establecer metas», quiero que lo pienses como un sistema de «cómo conseguir lo que quiero». Eso es lo hermoso de los sistemas. Cuando sigues uno, tienes resultados. Cuando no lo haces, no los tienes. Una vez más, hacerlo o no hacerlo es una decisión, ¡y la decisión es *tuya*!

CAMBIO DE MENTALIDAD: ¿ESTABLECER METAS O SOLUCIONAR PROBLEMAS?

¿Qué te entusiasma más: establecer y trabajar por las metas, o resolver problemas? Una vez estaba desayunando con uno de mis mentores, Bob Tiede, y me dijo que solo el veinte por ciento de la gente se entusiasma por establecer y trabajar las metas, mientras que la motivación del otro ochenta por ciento es ante todo la solución de problemas. ¿Y tú? ¿Prefieres identificar y resolver problemas o trabajar en tus metas? Desde que aprendí esto de Bob, les he hablado a numerosos grupos y les he hecho la misma pregunta. Para mi sorpresa, lo que me comentó Bob ha probado ser cierto en mis encuestas informales. Ochenta por ciento de la gente prefiere resolver problemas antes que trabajar por una meta.

....

«Identificar un problema no es negativo, es positivo. Solo se vuelve negativo si continúas centrándote en el problema en lugar de hacerlo en la solución».

ZIG ZIGLAR

....

¿Lo entendiste? Identificar un problema es algo positivo porque no puedes resolverlo si no lo identificas. Buenas noticias. El Sistema Ziglar para Establecer Metas se puede convertir con facilidad en el Sistema Ziglar para Resolver Problemas solo con sustituir las palabras *establecer metas* con *resolver problemas*. De cualquier forma, ¡ganas!

Vuelve a la historia de Michael Watts y su ganancia de cien dólares por minuto trabajando por sus metas todos los días. Si prefieres resolver problemas en lugar de establecer metas, haz este cambio de mentalidad con respecto a las tres cosas que quienes resuelven problemas (los que logran metas) tienen en común:

1. Michael escribió su *problema* en detalle.
2. Trabajó en su *problema* todos los días.
3. Tenía un compañero para rendirle cuentas.

A continuación le doy un vistazo rápido a los siete pasos que comprenden la pieza de centro del Sistema Ziglar para Establecer Metas que Michael siguió. Nota que te he dado la opción de enfocarte en las metas o en resolver los problemas.

Procedimiento de siete pasos para el establecimiento de metas (solución de problemas) Ziglar

Primer paso: Identifica tu meta (problema a resolver).
Segundo paso: Enumera los beneficios de alcanzar esa meta (resolver este problema).
Tercer paso: Enumera los principales obstáculos y las montañas que hay que escalar para alcanzar la meta (resolver el problema).
Cuarto paso: Enumera las habilidades y el conocimiento que necesitas para alcanzar la meta (resolver el problema).
Quinto paso: Enumera las personas, los grupos, las empresas y las organizaciones con los que hay que trabajar para alcanzar la meta (resolver el problema).
Sexto paso: Crea un plan de acción para alcanzar la meta (resolver el problema).
Séptimo paso: Establece una fecha de finalización.

Como ves, establecer metas y resolver problemas son dos caras de la misma moneda. Lo que marca la diferencia es tu actitud y la acción posterior. Si te gusta establecer y lograr metas, hazlo. Si te gusta resolver problemas, ¡adelante! De cualquier manera, el Sistema Ziglar para Establecer metas/Resolver Problemas dará resultado.

CONSCIENCIA MENTAL

¿Alguna vez te has quedado estancado? Sabes que tienes que empezar a trabajar en la meta, a actuar en tu sueño, pero parece que no puedes empezar. Aunque sepas cómo establecer una meta o resolver un problema, no sucede nada hasta que no pasas a la acción.

Hablé sobre este desafío con John Rouse, un cliente de asesoría que se ha convertido en uno de mis mejores amigos. Al profundizar en el tema, descubrimos algo que le ayudó muchísimo, y espero que te ayude a ti del mismo modo. A continuación te presento una serie de preguntas que le hice a John y que quiero que tú las respondas también.

Tom: «Quiero que pienses acerca del momento en que te despiertas cada mañana. Tu mente está pensando en el pasado, el presente o el futuro. ¿Qué porcentaje de tu mente está pensando en el pasado, qué porcentaje lo hace en el presente y qué porcentaje lo hace en el futuro?».

John: «Yo diría que el 20 % está pensando en el pasado, 40 % está pensando en el presente, y otro 40 % está pensando en el futuro».

Tom: «Bien, de acuerdo. Cuando piensas en el pasado, ¿qué porcentaje de tu pensamiento sobre el pasado es positivo y qué porcentaje es negativo? Positivo significaría que tienes un recuerdo de un evento por el que estás agradecido, algo que aprendiste, algo que crees que te ha convertido en una mejor persona o que te está preparando para el éxito futuro. Negativo significaría el recuerdo de un evento que te está paralizando y que crees que limita tu potencial futuro, o es una razón por la que no puedes hacer algo, o está creando una creencia o emoción actual que daña tu capacidad para desempeñarte o disfrutar de la vida al máximo».

John: «El 25 % de mi consciencia mental sobre el pasado es positivo, y el 75 % es negativo».

Tom: «Es cierto que hay cosas en nuestro pasado que son hirientes y dolorosas. Errores que hemos cometido y agravios que nos han hecho. A fin de poder crear el futuro que queremos, necesitamos entablar amistad con nuestro pasado. Necesitamos perdonarnos y perdonar a otros. Necesitamos mirar los hechos negativos de forma diferente. ¿Qué aprendimos? ¿Cómo podemos usar esta experiencia para mejorar? ¿Cómo podemos usar esta experiencia para ayudar a otros? Sobre todo, necesitamos comprender que nuestra forma de mirar el pasado es importante, pues nos ha llevado al lugar que estamos, pero nuestra forma de mirar el futuro es más importante. John, cuando empiezas a tener pensamientos negativos sobre el pasado, ¿puedes comenzar a reformularlos y a usarlos como lecciones que puedes usar para crear un futuro positivo?».

John: «Sí, puedo. ¿Cómo comienzo?».

Tom: «Comienza con la gratitud. Reconoce las cosas buenas que has aprendido del pasado y reconoce que no todas las lecciones fueron amenas, pero aun así das gracias por lo que eres hoy. Segundo, asegúrate de perdonarte, y de perdonar a otros que te hayan hecho daño. Esto te ayudará a librarte del control que el evento o la persona tiene sobre ti. Perdonarlos no los absuelve de su culpa, pero sí te permite continuar hacia adelante. Por último, crea una lista de cosas que has aprendido de la situación y reconoce cómo esto te ayudará a mejorar para crear el futuro que quieres. Hay que reconocer que podemos decidir ver aun las cosas más negativas del pasado de manera positiva cambia nuestra manera de pensar, y nuestra manera de pensar es la clave del futuro. John, dijiste que el 40 % de la consciencia mental pensaba en el presente. ¿Qué porcentaje de esto es positivo, y qué porcentaje es negativo?».

John: «El 75 % de la consciencia mental es positivo, y 30 % es negativo».

Tom: «Eso es bueno, pero creo que puedes mejorar. Cuando piensas de forma negativa acerca del presente, pregúntate por qué. ¿Se debe a influencias negativas o a cosas que han cambiado tu actitud? Si es así, actúa y decide introducir cosas buenas y positivas en tu mente a través de lo que escuchas y lees, o mediante la interacción con aportes positivos. Si tu pensamiento negativo se debe a un desafío u obstáculo, pasa al modo de establecer metas o solucionar problemas. Reconoce que identificar un problema es positivo, pero que permanecer centrado en el problema es negativo. En su lugar, enfócate en la solución y escribe las diferentes maneras en que puedes resolver el problema y, luego, toma medidas. Si es preciso usa el Procedimiento de Siete Pasos para el Establecimiento de Metas. ¿Tiene sentido?».

John: Sí, lo tiene. Creo que ya lo sabía, pero no siempre lo hago. Me aseguraré de reconocer un pensamiento negativo cuando lo tenga, a fin de poder abordarlo de inmediato en lugar de dejar que se apodere de gran parte de mi día».

Tom: «¡Perfecto! Ese es un excelente hábito que puedes crear. Cambia el mal hábito de perseverar en lo negativo al buen hábito de enfocarte y actuar para solucionar el problema. También dijiste que el 40 % de tu mente pensaba en el futuro. De esto, ¿qué porcentaje es positivo y qué porcentaje es negativo?».

John: «Cuando pienso en el futuro, el 70 % es positivo y el 40 % es negativo».

Tom: «Cuéntame más sobre cuál es tu pensamiento negativo con respecto al futuro».

John: «Algo saldrá mal y empezaré a pensar en todo lo malo que puede pasar. Quizá sea un desafío empresarial o un problema de relaciones. Antes de darme cuenta, estoy consumido por todas las cosas que podrían salir mal en el futuro. Esto sí que me puede desviar».

Tom: «Esa también es mi mayor batalla. Muchas veces una serie de cosas pequeñas te mandan en un viaje por el tiempo hacia el futuro y, sin darte cuenta, ¡estás desamparado, sin amigos y sin dinero! Más de una vez me he despertado en medio de la noche preocupado por el futuro. Así es que lidio con esto, sobre todo cuando mi imaginación negativa se me va de la mano:

»Primero, saco mi lista de gratitud y repaso todo lo que tengo por lo que estoy agradecido. Necesito volver a poner mi mente en el buen camino, y la realidad es que todos tenemos mucho que agradecer. Uno de mis mejores hábitos es mantener una lista de gratitud. Una vez que tengo una buena dosis de gratitud, profundizo en la preocupación o el pensamiento negativo que tengo y lo convierto en un problema a resolver. Identifico el problema y escribo lo que tengo que hacer para resolver el problema. Ahora mi mente está tranquila, pues tengo un plan y puedo comenzar a actuar. Desde luego, hay problemas que nadie puede resolver, esos se los entrego a Dios y me enfoco en mi fe. Yo hago mi parte, y confío en que Dios hará la suya.

»La clave para la consciencia mental es hacer que nuestros pensamientos sobre el pasado sean positivos, ya que hemos aprendido a beneficiarnos del pasado, y a convertir los pensamientos negativos acerca del futuro en acciones que resuelvan los problemas del presente. El único lugar donde podemos actuar es en el presente».

Al cerrar este capítulo acerca de tu *cómo*, quiero recordarte unas cuantas cosas y luego darte un buen lugar para comenzar.

¡Las metas son poderosas! Michael Watts ganó cien dólares por minuto cada vez que revisaba sus metas. Tú también puedes recibir increíbles resultados. La mayoría de la gente prefiere resolver problemas antes que establecer metas. ¡Está bien! El Procedimiento de Siete Pasos para el Establecimiento de Metas (solución de problemas) Ziglar da resultado tanto para lograr las metas como para resolver los problemas. Lo importante es seguir el plan.

Tu mente es increíblemente poderosa, y tu forma de invertir tu consciencia mental determinará la rapidez con la que resuelves los problemas y logras tus metas. Controlar los pensamientos positivos y negativos en tu consciencia mental es una decisión que transformará tu vida.

LA META DE PRIMERO ES LO PRIMERO

Si nunca te has establecido una meta, quiero darte lo que yo llamo la meta de «primero es lo primero». Tiene cuatro fases. Puedes comenzar con la primera fase, y una vez que te crees el hábito de hacerlo todos los días, añade las siguientes fases. O puedes comenzar haciendo las cuatro fases desde el principio; tú decides. Lo importante es comenzar.

Primera fase

A primera hora de la mañana, reserva unos minutos para revisar tus metas y establecer tus prioridades para el día. Haz esto durante varios días o semanas hasta que te sientas cómodo de veras.

Segunda fase

Añade cinco minutos de tiempo devocional, como aprendí del libro *2 Chairs*, escrito por mi buen amigo Bob Beaudine[1]. Cada mañana pongo dos sillas, una para mí y otra para Dios. Entonces, le hago tres preguntas: *Dios, ¿sabes lo que está pasando?* (Sí, Él es Dios); *Dios, ¿eres capaz de lidiar con esto?* (Sí, Él es Dios); *Dios, ¿cuál es el plan?* Entonces, escucho. Un minuto donde pienso, pregunto y hablo con Dios, y cuatro minutos donde escucho. Esto ha cambiado mi vida, y estoy seguro de que cambiará la tuya. Si no crees en Dios, o no estás seguro, usa el tiempo para reflexionar. Cinco minutos de reflexión en la mañana te dará la claridad necesaria para tener un día productivo. Ahora bien, después de cinco minutos de reflexión, o tu tiempo de *dos sillas*, trabaja en tus metas y tus prioridades.

Tercera fase

El hábito del modelo mental: ¡este pequeño hábito es una verdadera fuente de energía! Cada día, a la vez que escribes tus metas y prioridades (primera fase), anota también tus reuniones con otras personas y cualquier presentación o llamada que puedas tener que sea importante para lograr tus metas. A continuación, invierte un minuto en crear un modelo mental de cómo cada uno de estos se desarrollará a la perfección. Imagina el mejor resultado y ten en cuenta a las personas con las que te vas a reunir. Por ejemplo, si tu meta es venderle una idea a varias personas en una reunión, visualiza qué necesidades, preocupaciones, y deseos puedan tener. De esta manera estarás preparado para obtener el mejor resultado, y aun si tomara una dirección inesperada, tendrás una mejor posibilidad de que el resultado sea positivo.

Cuarta fase

Por último, añade lecturas y audios devocionales, educacionales e inspiradores a tu rutina de «Lo primero es lo primero». Es posible que unos pocos minutos se conviertan en treinta o más. Esto es para tu desarrollo personal y espiritual, y este tiempo le da impulso a tu día.

¡Buenas noticias! Poner primero lo primero es algo que cualquiera puede hacer y solo lleva unos minutos al comienzo de cada día mientras que desarrollas el hábito de administrar tu día en vez de que el día te administre a ti. Aun si comienzas con solo cinco minutos al día, y cada semana añades un poco más, al poco tiempo verás una profunda diferencia en el resultado de tu vida. Cuando practicas poner primero lo primero, decides ganar. ¡Es una decisión!

¿Estás listo para transformar tu vida? ¡Prepárate! En el próximo capítulo describiremos la Trinidad de la Transformación.

Capítulo 4

DESEO, ESPERANZA Y DETERMINACIÓN

La trinidad de la transformación

¿Estás listo para transformarte en la persona para la que te creó Dios? Mientras te preparas para emprender «El plan de las siete decisiones» de la segunda sección, ten en mente la trinidad de la transformación. La trinidad de la transformación es un simple modelo que te puede ayudar a convertirte en una persona que disfruta de manera constante el equilibrio entre el éxito, el significado y el legado intencional.

Imagina un bello globo aerostático. Este no es un globo cualquiera. Este globo puede llevarte a través del mar más ancho y por encima del monte más alto. El destino depende de ti. Tu manera de vivir cada día, las decisiones que tomas, los hábitos que creas y tu definición del éxito, el significado y el legado determinarán la dirección del globo. Si no eres intencional, los vientos de la vida te llevarán a lugares a los que nunca quisiste ir.

DESEO

Todo comienza con el deseo. El deseo es la barquilla del globo. ¿Qué deseas para tu vida? Primero, aclaremos lo que queremos decir con deseo. Me gusta lo que dijo Noah Webster acerca del deseo hace casi doscientos años. Dijo: «El deseo es un anhelo de poseer alguna gratificación o fuente de felicidad que se supone que sea obtenible»[1].

Al imaginarte el globo, quiero que te enfoques en la barquilla. Ahí es donde irás tú. Por fuera de la barquilla puedes ver con claridad la palabra *DESEO* escrita con letras grandes. Este es el momento de identificar con claridad todo lo que deseas en la vida. Todo lo que quieres ser, hacer y tener. Mientras más claridad tengas, más directo será tu viaje. Esto te llevará algún tiempo, y por eso en el capítulo anterior incluimos el establecimiento de las metas. Llena la barquilla con todos tus deseos.

Ahora, es el momento de añadirle más a la barquilla. Échale todos tus dones, talentos, habilidades y experiencias. Presta mucha atención a tus dones y talentos, pues tú eres la única persona en el mundo con esta combinación única, y son la clave de tu travesía.

ESPERANZA

Ahora empieza a suceder algo mágico. Tus dones y talentos se combinan con tus deseos, y se enciende la llama. ¡La llama empieza a llenar el globo de esperanza!

¿Qué deseas en realidad? Cuando defines tu deseo con claridad, este enfoca, emplea, e influye en la voluntad, y te hace actuar. Tu deseo determina en gran parte tu voluntad. ¡Esto es poderoso! El deseo crea acción. El deseo es lo que impulsa el hábito diario del aporte mental adecuado. Cuando los deseos se transforman en sueños y metas, el resultado natural es la acción.

Cuando llenas la barquilla de tu globo con deseos bien definidos, esto te da una nueva visión para el futuro. Imagínate cuando los deseos se hagan realidad. ¿Cómo será tu vida? ¿Cómo cambiarán las cosas? Una vez que comiences a imaginar tus deseos convirtiéndose en realidad, el globo se llena de esperanza. Mientras que el deseo es la barquilla del globo aerostático, la esperanza es el globo mismo.

A medida que comienzas a imaginar en qué puede convertirse el futuro y reflexionas sobre tus victorias y éxitos pasados, el globo de la esperanza comienza a llenarse. Es más, la esperanza aumenta el deseo, y el deseo aumenta la esperanza. ¡El deseo y la esperanza van de la mano y se alimentan de manera mutua!

La esperanza es la confianza en un acontecimiento futuro. Por ejemplo: Tengo esperanza en el futuro porque creo que las promesas y la gracia de Dios nunca me faltarán.

La trinidad de la transformación comienza con el deseo y crece con la esperanza. Ahora empieza el verdadero trabajo.

La transformación exige trabajo. El deseo te da claridad para ver lo que quieres, mientras que la esperanza te hace creer que lo puedes lograr. La determinación es la acción que lo produce. Ángela Duckworth, que escribió el libro *Grit* [Determinación], dice que esta palabra es una combinación de pasión y perseverancia[2]. Creo que tener determinación significa que si te derriban cien veces, tienes la fuerza de carácter para levantarte ciento una veces. La determinación es ese espíritu que dice: «No me detendré hasta que termine lo que me propuse hacer». La determinación ignora el mundo, la gente negativa, la duda propia y el dolor, y dice: «Solo una vez más».

Mientras estás de pie en la barquilla, miras hacia arriba cuando tu hermoso globo comienza a llenarse. Te das cuenta de que en el exterior del globo está la palabra *ESPERANZA* en letras enormes. A medida que el globo se va llenando, ¡la esperanza comienza a subir! La combinación de tus deseos, tus dones y talentos, y la mayor altitud te brindan una visión y una perspectiva que nunca antes habías tenido. Ahora puedes ver el pasado y comprender cómo todas tus experiencias te han preparado para este día. Te vuelves hacia la otra dirección y ves tu futuro. Por primera vez te das cuenta de que, como dijera mi padre: «Tu pasado es importante, pero no tan importante como tu forma de mirar el futuro».

Tu entusiasmo crece cuando te das cuenta del potencial que ofrece tu futuro. Entonces, te das cuenta de que el globo ya no sube. Todavía está en tierra, y la vista es maravillosa, pero el globo necesita más altitud si quieres cruzar el mar e ir por encima de las montañas que ves a la distancia.

Haces un inventario de los suministros: tus dones y talentos, tus habilidades y experiencia, y tus deseos. Te percatas que la vida que sueñas está del otro lado de la montaña y tu globo no la puede cruzar. Entonces, ves el quemador del globo. En el quemador hay un botón con la palabra *Determinación*.

DETERMINACIÓN

Determinación (nombre). Osadía, valor; fortaleza de carácter.
La determinación es hacer lo necesario para lograr lo
que deseas. La determinación es el combustible en el

quemador de tu globo. El deseo enciende el quemador. La esperanza no deja que se apague el fuego.
La determinación es el combustible en el quemador.
La determinación es cuando desarrollas a propósito las habilidades, dones y talentos que Dios te dio y que harán que logres las metas y los sueños.
La determinación es el trabajo arduo de hacer algo una y otra vez hasta aprender a dominarlo.
La determinación es diez mil horas de dedicación para convertirte en la persona que Dios quiere que seas.

Le das al botón de la determinación y, de pronto, salen llamas blancas del quemador. El calor es intenso, y el globo despega y comienza a ganar altitud. Aquí es cuando comprendes por completo que tu globo se alimenta cuando se aplica la determinación a tus dones y talentos. ¡La determinación es algo grande! Mientras más arduamente trabajas, más te enfocas y más llamas salen del quemador. Luego, notas algo extraño. Cuando aplicas la determinación a los dones y talentos que Dios te dio, todo está bien, pero cuando lo aplicas a aspectos donde no tienes dones y talentos, las llamas apenas se ven. De inmediato aprendes a enfocarte en tus dones y talentos para llevar al máximo lo que te ha dado Dios. Entonces, sucede: *¡bum!* El globo se detiene de repente.

Tu globo lucha por ganar altitud mientras que las llamas blancas de la determinación van a todo dar, ¡pero ya el globo no sube! ¿Qué puede ser lo que te retiene? Te armas de valor y miras por el costado de tu globo y lo ves. ¡Tu globo está atado al suelo por varias cuerdas! Tienes que hacer una cosa más con el globo para que logre todo su potencial. Tienes que cortar las cuerdas que lo aguantan. ¡Esto requiere más determinación!

A estas cuerdas les llamo los malos hábitos o los resultados de los malos hábitos. Esas cuerdas incluyen cosas como el mal hábito de limitar tus convicciones, los malos hábitos de salud, los malos hábitos de hablar contigo mismo, cualquier mal hábito que no te deje maximizar los dones y talentos que te ha dado Dios. Tomas el cuchillo afilado de la sabiduría, y con mucha determinación comienzas a cortar las cuerdas.

Al cortar la primera cuerda te das cuenta de que está etiquetada como *Creencia Limitante.* Mientras la cortas, dices en voz alta: «Puedo hacerlo. Lo que otros me han dicho en el pasado no es verdad. Me diseñaron para lograr, para tener éxito, y me dotaron con la semilla de la grandeza». Cuando cortas la cuerda, el globo salta. Te levantas de repente y sucede de nuevo: *¡Bum!*

Miras al otro lado y ves otra cuerda. Esta se llama *Malos Hábitos.* Mientras la cortas, sonríes porque has ganado altitud. ¿Por qué sonríes? Sencillo, ves muchas cuerdas más, pero tienes un cuchillo bien afilado y mucha determinación. ¡Estás *decidido a ganar*!

¡Ahora tu globo está ganando la altitud necesaria para lograr tus metas y tus sueños!

He aquí un rápido resumen de la visión práctica y táctica de la transformación.

Deseo: Define lo que quieres de verdad. Esta es la fuerza que te impulsa para comenzar.

Esperanza: Cree que lograr tus deseos le dará a tu vida significado y propósito.

Determinación: Identifica las habilidades, el conocimiento, las actitudes, los dones y los talentos que necesitas para desarrollar, y los malos hábitos de limitar tus convicciones, de los que necesitas deshacerte, y trabaja en ellos con perseverancia hasta que te conviertas en una persona que puede lograr sus deseos.

Hagámoslo personal. Dedica unos minutos ahora mismo y escribe en tu diario las cosas que *tú* deseas, cómo es la esperanza para *ti* y lo que *tú* necesitas para trabajar con determinación.

En los próximos siete capítulos vamos a profundizar en las siete esferas de la Rueda de la Vida: mental, espiritual, física, familiar, financiera, personal y profesional, y cómo puedes lograr el éxito máximo en cada una de ellas. Al digerir cada una, aplica la analogía del globo a tu vida haciéndote estas sencillas preguntas:

- ¿Cuáles son los deseos, sueños y metas para mi vida en cada esfera? (Deseo)
- ¿Cómo mejorará mi vida en cada esfera cuando logre esos deseos? (Esperanza)
- ¿Cómo puedo aplicar la determinación a mis dones, talentos, habilidades y experiencias en cada esfera? (Determinación)
- ¿Qué cuerdas (viejas creencias y malos hábitos) necesito cortar en cada esfera? (Cuerdas)

DECISIONES, DECISIONES, DECISIONES

Al fin y al cabo nuestro futuro depende de las decisiones que tomamos. Sí, ¡*puedes transformar* tu vida de decisión en decisión!

La trinidad de la transformación es poderosa, pero depende de tus decisiones.

Establecer metas es poderoso, pero depende de tus decisiones.

Asumir las responsabilidades de las siete esferas de tu vida es poderoso, pero depende de tus decisiones.

Tu futuro depende de ti, y de las decisiones que tomes.

Aquí tienes noticias más que buenas: estás a punto de lanzarte a un plan probado que da resultado, pues identifica, para ti y contigo, las pequeñas decisiones que puedes tomar en las siete esferas de la vida que producirán en ti la vida que Dios quiere para ti.

Tu transformación, y la transformación de tu vida, comienzan con el aporte adecuado. El desafío que todos enfrentamos es tener la motivación interna para buscar el aporte mental apropiado a un hábito vitalicio. Este aporte apropiado no sucede por casualidad, sino a propósito. Podemos haber sido bendecidos por mucha gente que hace todo lo posible por aportar lo bueno a nuestra vida, pero llegará el día cuando debemos asumir la responsabilidad por nosotros mismos.

¡Hoy es tu día! Hoy es cuando debes tomar de manera oficial la responsabilidad de escoger el aporte adecuado, y esta simple decisión, seguida de acción, ¡cambiará tu vida para siempre!

Escribe en tu diario el siguiente compromiso, insertando la fecha y tu nombre:

Hoy, ________________ (fecha), yo, ________________ (tu nombre), decido aportar lo adecuado a mi mente. Entiendo por completo que los resultados futuros se basan en los hábitos que desarrolle, y el hábito más poderoso de todos es decidir el aporte apropiado que impulse todos mis otros hábitos.

¡Empecemos! Después de todo, ¡la vida que quieres es una decisión!

Segunda sección

EL PLAN DE LAS SIETE DECISIONES

Transforma tu vida, una pequeña decisión cada vez

El punto principal en *Decide ganar* es el de las decisiones que tomamos a diario. La realidad es que tomamos las decisiones, pero no sus consecuencias. Una vez que decidimos, se ponen en marcha las consecuencias.

La buena noticia es que la mayoría de las veces podemos prever esas consecuencias, ¡y podemos cambiar de rumbo y tomar nuevas decisiones! Este libro se trata de enseñarte a tomar el control de tu vida, de decisión en decisión, a fin de que el éxito, el significado y el legado sean resultados previsibles.

«No puedes determinar tu futuro, pero puedes determinar tus hábitos, y tus hábitos determinarán tu futuro. Tus hábitos son *decisiones*».

Creo firmemente que si tomas suficientes pequeñas decisiones buenas en cada aspecto de tu vida, el resultado será la vida que siempre has soñado. Los capítulos que siguen se escribieron a propósito en un orden específico, pues las buenas decisiones, tomadas en el orden apropiado, impulsan y crean un fundamento sólido, y te permiten vencer las adversidades de la vida.

No te agobies. Un buen hábito solo es una pequeña decisión buena que tomas una y otra vez.

Adelante, decide ganar; después de todo, ¡la decisión es tuya!

Capítulo 5

MENTAL

Decide lo que aportas

> **PRIMERA DECISIÓN:** Lo que le das cabida en tu mente, lo que decides pensar, determina todo sobre cómo vives.

«Eres lo que eres y estás donde estás por lo que ha entrado a tu mente. Puedes cambiar lo que eres y donde estás si cambias lo que dejas entrar a tu mente».

ZIG ZIGLAR

Esta cita de mi padre es una de mis favoritas. En un lenguaje sencillo y preciso cuenta la historia tuya y mía. Todos somos la suma de lo que ha entrado en nuestra mente y lo que creemos acerca de esas cosas. Aun así, la cita también brinda una esperanza increíble. Si no te gusta quién eres ni dónde estás ahora mismo, no pasa nada. Puedes cambiar lo que entra en tu mente a partir de este momento, y eso cambiará quién eres y dónde estás.

....

«Tu opinión determina tu perspectiva. Tu perspectiva determina tu producción, y tu producción determina tu futuro».

ZIG ZIGLAR

....

TU APORTE LO DETERMINA TODO

¿Por qué casi todo el mundo deja que otros determinen lo que aporten a su mente? ¿Qué me dices de ti? ¿Decides escoger lo que aportas o renuncias a la responsabilidad?

Hace unos años supe que debía perder peso. De esto hablaré con más detalles en el capítulo 7, pero aquí está la esencia de cómo pude perder más de veintisiete kilos. Comencé a leer y escuchar todo lo que pude encontrar relacionado con el tema. Cada día lo que dejaba entrar a mi mente se enfocaba en lo que es bueno para mi salud. Qué debo comer. Qué ejercicios debo hacer. Sin darme cuenta, mi modo de pensar y mis hábitos cambiaron. Comencé a querer lo que era saludable, y a desear lo próximo que podía hacer que fuera saludable. Y como cambió lo que aporté a mi mente, mi perspectiva, mis resultados y mi futuro cambiaron.

Esta experiencia me llevó a esta convicción: «Lo que alimenta *tu mente determina tu apetito*».

Esto lo expresé en un evento en Atlanta y una señora que estaba sentada al fondo del salón se levantó y dijo:

—¡Es como en NASCAR!

Cuando lo dije, en lo menos que pensaba era en NASCAR.

—¿Por qué es como NASCAR? —le pregunté.

—Es fácil —me contestó—. En NASCAR, los pilotos dan vueltas a la pista a unos doscientos noventa kilómetros por hora. Eso es tan rápido que sus ojos tienen que enfocarse en el lugar que quieren que vaya el auto. Si miran al muro a esa velocidad, sus manos harán un microajuste involuntario para seguir a sus ojos y chocarán contra el muro.

¡Cielos! Tenía razón. ¿No es cierto que vamos por la vida diciéndonos: «No te comas esa tarta de queso, no te pases el día sentado, no te preocupes por eso», y terminamos comiéndonos la tarta de queso, sentados toda la tarde en el sofá y quejándonos a nuestros amigos acerca de un problema sobre el cual no tenemos el control? Necesitamos concentrarnos en la solución, no en el problema. Esto solo sucede cuando optamos por alimentar la mente con el aporte adecuado.

¿Todavía tienes dudas? Imagínate que tienes una hija o una sobrina favorita de diecisiete años, y ha comenzado a salir con chicos. Es la niña de tus ojos, inocente en todo sentido, y tiene toda la vida por delante. Quieres lo mejor para ella, y has hecho todo lo posible para ayudarla a tomar buenas decisiones.

Ahora, imagínate que su novio de dieciocho años quiere llevar a tu princesa a una cita. Estás en la cocina y escuchas al novio llegar en su «clásico» Transmaro (Transmaro = mitad Trans-Am / mitad Camaro). El chico llega cuarenta y cinco minutos antes de lo acordado, lo cual es extraño, y te das cuenta de que se ha quedado en el auto escuchando música muy alta. A los treinta minutos, decides ir a inspeccionar la situación.

Te acercas a la parte trasera de su auto, por el punto ciego, a fin de ver lo que está haciendo. Al mirar por la ventanilla, te das cuenta de que está absorto en su teléfono inteligente... ¡viendo pornografía! Pregunta: ¿Se va a llevar a tu princesa en una cita esa noche? ¡Claro que no! Después de todo: *lo que alimenta tu mente determina tu apetito.*

Se acaba de hacer realidad, ¿verdad? Ahora ya sabes por qué los anuncios del Supertazón cuestan millones de dólares.

¿CUÁN PURO ES DEMASIADO PURO?

Si alguien te dijera que te va a dar más de un kilo de oro, ¿qué nivel de pureza de oro querrás? ¿Cincuenta por ciento? ¿Noventa por ciento? No, quieres llegar tan cerca al cien por ciento como sea posible. Mientras más puro el oro, más vale. Tu cerebro pesa alrededor de un kilo y medio. ¿Venderías tu cerebro por un kilo de oro puro? ¡Por supuesto que no! Tu cerebro no tiene precio. Pregunta: ¿Por qué permitirías que algo impactara de forma negativa en la pureza de tu cerebro? El aporte que escoges dejar entrar a tu mente afecta tus decisiones, y tus decisiones determinan tu resultado.

¿Estás listo para una transformación? La realidad es que a todos nos suceden cosas que no son buenas, que nos derriban, que si las aceptamos como «así son las cosas», limitarán nuestro potencial y causarán un impacto negativo en nuestro futuro. La buena noticia es que tú puedes decidir ahora mismo cambiar tu aporte y cambiar tus convicciones acerca de lo que te sucedió en el pasado.

HECHOS CONTRA PROBLEMAS

Esto lo aprendí de Fred Smith, el mentor de mi padre. Hay una gran diferencia entre los hechos y los problemas. Los hechos, tenemos que aceptarlos; los problemas, podemos elegirlos. Un hecho es algo que no podemos cambiar, por mucho que queramos. Con los problemas podemos elegir. Podemos optar por usar el problema como una excusa, como una razón por la que no podemos. O podemos centrarnos en la solución en lugar de hacerlo en el problema y descubrir formas de lograr nuestras metas a pesar del problema.

Hace unos años tuve la oportunidad de participar en la carrera Ragnar Relay de Miami a Cayo Hueso, Florida. ¡La ruta abarcaba unos 320 kilómetros! El equipo *Operation GiveBack* me invitó. La organización *Operation GiveBack* la fundó mi buen amigo José García-Aponte, sargento mayor, retirado del ejército de Estados Unidos. Su misión es crear conciencia y recursos para nuestros combatientes heridos, sus familias y los hijos de nuestros héroes caídos. En nuestro equipo estaban los hombres y mujeres más increíbles que he conocido. Estos hombres y mujeres estaban sirviendo actualmente en el ejército o eran veteranos que habían resultado heridos sirviendo a nuestro país.

Como civil sin discapacidad, me sentía fuera de lugar. Nunca había expuesto mi cuerpo y mi mente a una carrera de relevos de 34 horas y 315 kilómetros, viviendo en una camioneta, casi sin dormir y rodeado de verdaderos héroes. El cuerpo me dolía de la cabeza a los pies, las pantorrillas tenían nudos del tamaño de pelotas de golf. Aun así, no me quejé.

Al mirar a Chris Gordon, Will Castillo y Lito Santos, que habían perdido una parte o una pierna completa en combate, ¿cómo podía quejarme de los nudos en la pierna cuando a ellos les faltaba la pierna? No solo eso, sino que en ningún momento los escuché quejarse. Más bien, los vi sirviéndose los unos a los otros y hasta preguntarme a mí cómo me sentía. Me maravillaba que estos hombres, que ya habían dado tanto, estuvieran pasando por más dolor para recaudar dinero para los hijos de nuestros héroes caídos que habían pagado el sacrificio supremo. En medio de su propio dolor y dificultades, seguían sirviendo a los demás.

Hecho: cada uno había perdido una pierna.
Problema: caminar iba a ser difícil, lento y doloroso.
Solución: venir preparados con la actitud adecuada, empezar temprano, llevar medicamentos y vendas adicionales, y centrarse en las necesidades de los demás.
Lección aprendida: cuando el *por qué* es lo bastante grande, el sacrificio vale la pena.

¿Qué *hechos* necesitas aceptar para poder «seguir adelante» (por ejemplo, divorcio, pérdida del trabajo o discapacidad)?

¿Qué *problemas* te han creado estos hechos (por ejemplo, limitaciones físicas, económicas, de mentalidad o de creencias)?

Tienes una opción. Puede optar por permitir que los problemas sean una excusa de por qué no puedes hacer algo, o puedes enfocarte en la solución y decidir hacerlo de todos modos.

- Puedes escoger pensar lo adecuado, lo cual cambiará tu actitud, tus creencias y tu mentalidad.
- Puedes escoger comenzar más temprano, trabajar más horas y llevar las medicinas.
- Puedes escoger un *por qué* mayor que tú mismo.
- Puedes escoger transformarte en la persona que Dios quiso que fueras.

¡Vivir para ganar es una decisión! ¿Qué decisiones tomarás ahora mismo que te transformarán? Escribe por lo menos tres en tu diario.

Ya que elegiste el aporte adecuado, encendiste el fuego en el quemador del globo de tu vida. ¡Ahora necesitamos asegurarnos de que el fuego no se apague! Para darle combustible al fuego, necesitas de la trinidad de la transformación (deseo, esperanza y determinación) que analizamos en el capítulo 4. ¿Recuerdas el ejemplo del globo aerostático? Tiene tres componentes principales: el globo grande donde el aire queda atrapado permitiendo que se eleve y te lleve a tu destino; la barquilla que te sostiene; y el quemador que transforma el combustible en fuego y calienta el aire del globo. Tu globo es único... el único en el mundo capaz de llevarte a la vida que quieres y los sueños que tienes. Ahora que tomaste la decisión de aportar la información adecuada (el combustible) y el fuego está encendido, ¡debes continuar eligiendo la aportación apropiada!

No es complicado. Solo tienes que hacerte esta simple pregunta: ¿Es lo que

- leo,
- miro en la internet (redes sociales, etc.),
- escucho,
- miro en la TV,
- hablo con un amigo, colega o familiar, y
- me digo a mí mismo en el diálogo interno,

me lleva más cerca del logro de mis deseos, crea mayor esperanza de que puedo hacerlo y añade lo que necesito para desarrollar la determinación?

¡Cielos! Es una pregunta difícil, ¿verdad? Dije que la pregunta es simple, no fácil.

Ahora que has visto cómo es para ti la trinidad de la transformación, es hora de desarrollar músculos mentales y llenar la mente con la información adecuada. Ya abarcamos la fórmula. Sin embargo, aquí está de nuevo: *la manera más rápida de tener éxito es sustituir los malos hábitos por los buenos.*

Saca tu bolígrafo, ¡es hora de pasar a la acción!

TRES PREGUNTAS PARA LA TRANSFORMACIÓN

En cada uno de los capítulos acerca de las siete esferas de la Rueda de la Vida, quiero que escribas en tu diario las respuestas a estas preguntas. ¡La claridad te permite tomar buenas decisiones y actuar como es debido!

1. ¿Cuáles son los deseos, sueños y metas para mi vida mental? (Deseo)
2. ¿Cómo mejorará mi vida en el aspecto mental cuando logre esos deseos? (Esperanza)
3. ¿Cómo puedo aplicar la determinación a mis dones, talentos, habilidades y experiencias en la esfera mental de mi vida? (Determinación)

¡Ahora es el momento de desarrollar la estrategia y pasar a la acción!

Primer paso: Identifica los malos hábitos mentales que tienes

¿Qué información está entrando en tu mente, ya sea a propósito o de manera accidental, que es negativa y te impide alcanzar tus deseos, sueños y objetivos (internet, medios sociales, relaciones negativas, libros, radio, televisión, diálogo interno, etc.)?

Escríbelos en tu diario y sé específico.

Segundo paso: Identifica los buenos hábitos mentales que necesitas

¿Qué información puedes introducir a propósito en tu mente que te permita alcanzar tus deseos, sueños y metas más rápido (educación, cursos en línea, relaciones positivas como mentores o entrenadores, libros, pódcasts, diálogo interno, etc.)?

Escríbelos en tu diario y sé específico.

Tercer paso: Decide sustituir un mal hábito mental con uno bueno

Escoge un mal hábito que quieras sustituir con uno bueno. Comienza con algo pequeño y desarróllalo. ¡La clave es comenzar y perseverar! Cada semana básate en el mismo cambio de la semana anterior y sustituye otro mal hábito con uno bueno.

Ejemplo: En la esfera mental de tu vida identificaste el mal hábito de mirar demasiada televisión: más de dos horas al día. La primera semana de tu meta pudiera ser sustituir quince minutos de televisión con un pódcast que te eduque y te inspire a lograr tus deseos, sueños y metas. Quizá no te parezca mucho, pero si lo añades cada semana, ¡antes de que te des cuenta tu vida habrá cambiado por completo!

Mal hábito mental: mirar demasiada televisión.

Buen hábito mental: poner a propósito en tu mente información buena, limpia, pura, poderosa, inspiradora y educativa.

Aquí tienes cuatro ejemplos de cómo tomar pequeñas decisiones que transformarán tu vida.

Primer ejemplo: Reducir el tiempo de televisión de dos horas a una hora y cuarenta y cinco minutos al día, y escuchar un pódcast educativo e inspirador quince minutos al día.

Segundo ejemplo: Reducir el tiempo de televisión de una hora y cuarenta y cinco minutos a una hora treinta minutos al día, y leer un libro inspirador y educativo quince minutos al día.

Tercer ejemplo: Cambiar mi diálogo interno dejando de hablarme a mí mismo de forma negativa y sustituyéndolo por la lectura de una de las tarjetas Ziglar de diálogo interno cada mañana con mi café, lo que me lleva tres minutos al día. (Las tarjetas están impresas al final de este libro, o las puedes descargar en www.ziglar.com/ChooseToWin).

Cuarto ejemplo: Detener mi diálogo interno negativo siempre que suceda y leer mis tarjetas Ziglar de diálogo interno en voz alta cada mañana con mi café y cada noche justo antes de irme a la cama, lo que en conjunto toma seis minutos al día.

Cada semana mantienes o aprovechas el cambio de la semana anterior. Estás creando buenos hábitos, ¡pues estás tomando buenas decisiones!

Escribe lo que vas a hacer de manera intencional. Recuerda que el objetivo es sustituir un pequeño mal hábito por un pequeño buen hábito, y hacerlo una y otra vez hasta que te transformes en una persona nueva por completo.

Escribe en tu diario los malos hábitos mentales que dejarás y luego los buenos hábitos mentales que implementarás. Escribe tu plan de acción diario a fin de aplicar por lo menos un hábito mental bueno.

Esto quizá no parezca mucho, pues solo lleva unos minutos al día poner en práctica una buena decisión mental, ¡pero sin darte cuenta tu vida cambiará por completo!

¿Puedes sentirlo? La esperanza aumenta debido a que empiezas a tener claro hacia dónde quieres ir, y has identificado las decisiones que necesitas tomar para llegar allí. ¡Tu globo está comenzando a tomar vuelo!

Capítulo 6

ESPIRITUAL

Decide por tus principios y valores

> **SEGUNDA DECISIÓN:** Los principios y valores espirituales que decides vivir limitan o liberan tu potencial.

«El recurso de persuasión más importante que tienes en todo tu arsenal es la integridad».

ZIG ZIGLAR

Cuando elegimos aportarle la información adecuada a la mente, damos el paso más importante para determinar el resultado adecuado. Sin embargo, ¿cuál es el aporte adecuado?

El aporte adecuado es el espiritual. El aporte espiritual incluye nuestra fe, o para una persona no religiosa, nuestro conjunto de creencias. El aporte espiritual incluye los principios y valores que elegimos creer, y los rasgos de carácter que queremos desarrollar en nuestra vida y por los que escogemos vivir. He conocido personas que dicen tener gran fe y, al parecer, no tienen principios ni valores. También he conocido personas que no proclaman ninguna fe espiritual, pero viven la vida con altos principios y valores morales.

Como seguidor de Cristo puedo decirte que mis logros en la vida y el éxito equilibrado que tengo no es por ser cristiano. Es porque he tomado la decisión de seguir lo que dijo Cristo, aunque debo reconocer que no siempre soy perfecto. Es un estándar muy alto.

Al profundizar en el aspecto espiritual de la vida, nos enfocaremos en lo que llamamos: las cualidades del éxito. Las cualidades de éxito son los rasgos de carácter que todos llevamos dentro. Para transformar nuestra vida, debemos tomar decisiones intencionales, a fin de desarrollar cada una de estas cualidades. Creo que los rasgos de carácter son algo espiritual.

Lo espiritual no es físico, pero la solidez espiritual determina en gran medida los resultados físicos. Mi amigo y mentor, el rabino Daniel Lapin, usa esta ilustración para explicar la diferencia entre lo físico y lo espiritual: «Un violín es físico. Puedes tocarlo, y solo puede estar en un lugar a la misma vez. Si alguien toca una música bella en el violín, esta se queda en la mente de todos los que la escuchan. Después del concierto, la melodía ahora está en cientos de mentes y en cientos de lugares al mismo tiempo. La música es espiritual»[1].

El carácter, la integridad, los principios y los valores son rasgos espirituales. Mi padre era famoso por decir: «No se puede hacer un buen negocio con una mala persona». La matemática puede resultar sobre el papel, y los componentes físicos puede que tengan sentido; pero si el negocio es con una «mala persona», es solo cuestión de tiempo antes de que la corrupción espiritual lo destruya, y cuando el negocio se desploma, es solo el resultado natural de las malas decisiones en cuanto al carácter, la integridad y docenas de otros rasgos espirituales de carácter.

¡La buena noticia es que se puede hacer un buen negocio con una *buena* persona!

HAZ LO ADECUADO

«Haré lo adecuado».

HOWARD PARTRIDGE

En el 2011, nuestra empresa atravesó un período de transición mientras buscábamos nuevas oportunidades. La carrera de papá como orador había terminado y necesitábamos planificar el futuro. Los dueños de esta empresa familiar (mis hermanas, Cindy Ziglar Oates y Julie Ziglar Norman; mi sobrina Katherine Witmeyer Lemons; y yo) fuimos a Chicago e invertimos trece horas con un asesor empresarial, perito en examinar todos los valores de una empresa y recomendar las mejores oportunidades para el futuro.

Al final del día, nos dijo: «Ziglar tiene una gran oportunidad para trabajar con dueños de pequeñas empresas y ayudarlos a triunfar. Tienen las mismas filosofías y valores que Ziglar, y lo que ya ustedes han desarrollado y lo que enseñan es perfecto. Aun así, necesitan desarrollar un nuevo contenido práctico y táctico que el dueño de una pequeña empresa pueda usar para llevar adelante su negocio en todas las esferas: ventas, mercadeo, operaciones, administración y liderazgo».

Nuestra familia salió de esa reunión llena de energía... ¡y también abrumada! Ya teníamos gran parte del contenido necesario, pero también sabíamos que nos llevaría varios años desarrollar los nuevos cursos y aprender a promocionarlos entre los propietarios de pequeñas empresas. En el camino de regreso a nuestro hotel, discutimos las posibilidades y, a los pocos minutos, surgió el nombre de Howard Partridge.

En ese entonces, habíamos estado trabajando con Howard durante unos dos años, y sabíamos que ya tenía estos sistemas comerciales desarrollados y tenía cientos de historias de éxito de propietarios de negocios que habían usado esos sistemas durante los quince años anteriores. Como habíamos trabajado con él, sabíamos muy bien que lo que hacía daba resultado. Antes de regresar a casa llamé a Howard para conversar acerca de las posibilidades. Debo decirte que Howard se entusiasmó mucho.

En los meses que siguieron comenzamos a profundizar y ver cómo se podría ver esta sociedad. También visité algunos de los eventos de Howard y comencé a reflexionar sobre sus eventos que visité en el pasado. Comencé a notar un patrón. Un patrón que me gustó. Les preguntaba a sus clientes lo que les gustaba acerca del programa de Howard, y todos decían lo mismo:

- «Amo a Howard». Es algo interesante para ser lo primero que se dice acerca de una relación empresarial, ¿cierto? Después de todo, el amor es una cualidad espiritual. Los clientes de Howard en realidad lo aman. El amor es el resultado de acciones que surgen de los motivos adecuados, apoyadas por el carácter y la integridad.

- «Desde que comenzamos a trabajar con Howard, nuestro negocio ha ganado más dinero que nunca». Esta era la respuesta que pensé que sería la primera. Howard los ayudó a ver resultados, y ese era el tipo de socio que buscábamos nosotros.
- «Desde que comenzamos a trabajar con Howard, tenemos más tiempo para disfrutar con nuestra familia». Esta me dejó paralizado. Esto es justo lo que nosotros enseñamos en todo lo que hacemos, y este fue uno de los tres beneficios principales que nos contaban los clientes de Howard. ¡Con razón lo amaban! ¡Él les había devuelto su familia!

Al profundizar en la relación, nos dimos cuenta de que estábamos enseñando casi exactamente las mismas cosas y, en muchos otros aspectos, cada uno de nosotros tenía gran cantidad de contenido donde el otro no tenía mucho. Todo se alineaba a la perfección. Y cuando le hice esta pregunta: «Howard, si hacemos esta asociación juntos y te enviamos a todos nuestros clientes, estoy seguro de que habrá ocasiones en las que nuestro cliente se una al nuevo programa y luego, por el motivo que sea, querrá que le devuelvan su dinero. Tal vez no encaje, o tal vez no haya razón y solo quieran que les devuelvan su dinero. ¿Cómo gestionarías eso?».

Howard me miró a los ojos y dijo: «Tom, haré lo adecuado». Ese día comenzamos oficialmente nuestra asociación.

En estos últimos siete años, eso es justo lo que ha hecho Howard. Cientos y cientos de clientes. Miles de transacciones. Howard y yo hemos viajado por todo el mundo haciendo eventos juntos. Cualquiera que fuera la situación, Howard hace lo adecuado.

Entonces, ¿qué significa «hacer lo adecuado»? Es evidente que cae en la categoría espiritual. Es mucho más que algo físico. Lo físico se puede tocar, ver, oír, oler y gustar. Hacer lo adecuado es algo que se siente. Puedes hacer un trabajo bien hecho, pero aun así tal vez yo no confíe en ti, y puede que no tengas integridad ni carácter. Si tienes carácter e integridad y haces el trabajo mal hecho, puedes volver, resolverlo y yo confiaré en ti; ¡quizá más que antes porque has cumplido tu palabra!

Para que el «hacer lo adecuado» dé resultado, debe haber algo más alto que nosotros mismos que consideremos el estándar. Si fuera a definir el «hacer lo adecuado» según como me sienta en un momento dado, la confianza nunca se recuperará, pues no hay acuerdo en lo que la integridad significa en realidad. Por eso el enfoque de este capítulo está en el carácter y la integridad, y en las decisiones que tomamos de vivir de acuerdo con los principios y valores. Hacer las cosas bien en todas los aspectos de tu vida requiere un compromiso con los principios, valores y rasgos de carácter que, cuando se viven, producen buenos resultados de manera automática.

CUALIDADES DEL ÉXITO

El éxito equilibrado a largo plazo requiere solidez espiritual. La solidez espiritual llega cuando reconoces y desarrollas las cualidades del éxito que están dentro de ti. Por décadas, Ziglar les ha enseñado este concepto a individuos, pequeñas empresas, grandes empresas de *Fortune 500*, instituciones educacionales y gobiernos locales, estatales y federales, tanto en Estados Unidos como en el resto del mundo. Quizá te preguntes cómo podemos enseñar estos conceptos espirituales en nuestro mundo «políticamente correcto». Permíteme explicar una objeción común a la que nos enfrentamos y cómo lidiamos con esto.

En más de una ocasión hemos preparado una propuesta de formación de gran envergadura para una empresa de *Fortune 500* hipersensible al «método PC». Después de presentar la propuesta y mostrarles cómo podemos ayudarlos a obtener los resultados que buscan (mayor productividad, reducción de la rotación del personal, aumento de las ventas, mayor beneficio final, mejor cultura, etc.), alguien en el comité que toma las decisiones a menudo presenta esta protesta: «¿No fue Zig Ziglar un predicador bautista del sur, y usted no enseña principios y valores de la Biblia? No podemos tener ninguna enseñanza religiosa en nuestra empresa».

Esta pregunta nos encanta en Ziglar. Aquí tienes nuestra respuesta:

> Zig Ziglar fue un profesional de ventas, empresario, orador y escritor, pero nunca fue un ministro ordenado. Sí, enseñó en la Escuela Dominical. Es cierto que los principios y valores que enseñamos se encuentran en la Biblia; sin embargo, en nuestros materiales de capacitación corporativa no hacemos referencia a la Biblia. En su lugar, hacemos referencia a los principios y valores que llamamos las cualidades del éxito. Creemos que la gente ya tiene dentro estas cualidades, y que solo necesitan salir a la luz y desarrollarlas para que puedan alcanzar al máximo su potencial y mejorar su desempeño. Esto es lo que estamos dispuestos a hacer. Hemos recopilado

una lista de sesenta y ocho cualidades del éxito que enseñamos. ¿Por qué no repasa la lista y encierra en un círculo las que no quiere que enseñemos para eliminarlas?

Entonces, le entregamos esta lista:

LAS CUALIDADES DEL ÉXITO			
carácter	integridad	honradez	gratitud
inteligente	enseñable	pasión	convicciones
metas	confiable	alentador	organizado
visión	orgullo	responsabilidad	diligente
compromiso	fe	ahorrativo	modales
puntual	ingenioso	emprendedor	da más de lo esperado
sabiduría	valor	seguridad propia	sobrio
optimista	entusiasta	leal	listo
motivador	respetuoso	trabajador	decidido
empático	humilde	solícito	centrado
dominio propio	afectuoso	disciplinado	compasivo
justo	sincero	comunicador	actitud mental positiva
persistente	coherente	atento	colaborador
afable	creativo	activo	amplio de miras
conocedor	competente	busca el bien	humor
autoimagen	educado	sentido común	buen oyente
maestro	obediente	actitud de servicio	digno de confianza

¿Le ofrecerías empleo a alguien que calificara diez de diez en cada una de estas cualidades? ¡Por supuesto que sí!

Ahora, vuelve a mirar la lista y saca el bolígrafo. Escribe en tu diario las diez cualidades del éxito que crees que son las más importantes para tu éxito a largo plazo. En este momento, revísala de nuevo y escribe en tu diario las diez cualidades del éxito que crees que necesitas desarrollar más en tu vida hoy en día, las que crees que necesitas mejorar. Para mí, la que más me cuesta es la disciplina. Confieso que a menudo sé lo que debo hacer, pero muchas veces no lo hago.

Sé bien que esa falta de disciplina es en gran parte mi propia decisión. Puede que la disciplina no sea «natural» para mí, pero he creado muchos buenos hábitos basados en decisiones que de forma automática crean disciplina en mi vida. «El comienzo perfecto» del capítulo 12 es una de esas decisiones que me permiten disciplinarme, aun cuando no sea algo natural en mí. Entonces, analiza las cualidades del éxito que escribiste en tu diario. Es muy buen lugar para comenzar. ¿Qué puedes aportar a tu mente que te ayude a desarrollar esas cualidades?

LAS CUALIDADES DEL ÉXITO ESTÁN TODAS CONECTADAS Y SE COMBINAN PARA MEJORAR TU ESPIRITUALIDAD

Cada vez que comienzas a desarrollar una de las cualidades del éxito, esto causa un impacto positivo sobre las demás. Por ejemplo, trabajar en la disciplina te hace más confiable, enfocado, confiado, diligente y responsable, solo por nombrar unas cuantas.

Hace unos años sostuve une conversación con Seth Godin. Considero a Seth un amigo y mentor, y he leído su blog cada día por muchos años. Le pregunté cuál era su enfoque actual, y me dijo que era la confianza escalable. Me explicó que su prioridad en toda interacción empresarial era escalar la confianza, y si la confianza aumenta, su negocio crece y, lo que es más importante, también crecen su influencia y sus relaciones.

En 1984, papá escribió el libro *Secretos para cerrar la venta*, que ha vendido más de un millón de ejemplares. En el libro, menciona las cinco razones por las que la gente no compra un producto o servicio: no hay necesidad, no hay dinero, no hay prisa, no hay deseo y no hay confianza. ¡La mayor de todas es la falta de confianza! Ahora mira la sabiduría de Seth. Su prioridad es la confianza escalable, y al hacerlo elimina la mayor razón por las que la gente no quiere hacer negocio con él. Cuando hay confianza entre un candidato o cliente y tú, solo queda encontrar las soluciones al problema que enfrentan.

El concepto de la confianza escalable me ha ayudado a conectar dos piezas más de información: una charla TEDx [acrónimo de Tecnología, Entretenimiento, Diseño] acerca del mayor indicador de la felicidad, y la clase de Escuela Dominical de mi padre llamada la Clase de los Alentadores.

En la charla TEDx, el Dr. Robert Waldinger, director de estudios de desarrollo humano en adultos de la universidad de Harvard, habla de una de las investigaciones longitudinales más completas de la historia, a menudo conocida como el estudio de 75 años Harvard[3].

Los investigadores recopilaron información de un grupo de 700 hombres durante 75 años, desde que eran adolescentes hasta hoy. Las entrevistas con estos hombres cada dos años acerca de todos los aspectos de la vida, durante el curso de 75 años, produjeron una increíble cantidad de información. Los investigadores les preguntaban si eran felices y estaban satisfechos con su vida. Entonces, compararon las respuestas de los hombres en sus 80 años, con las respuestas que ellos mismos dieron cuando tenían 50, y lo que descubrieron fue profundo. El secreto de ser feliz y estar satisfecho con la vida es enfocarse en las relaciones. No en la carrera, el dinero, la influencia ni en la fama, sino en las relaciones.

Una cosa que tiene toda buena relación es confianza entre ambas partes y cada una por la otra. Las relaciones se construyen sobre la base de la confianza, y la confianza es una cualidad espiritual. Puede que no te consideres una persona religiosa, pero los principios, valores y rasgos de carácter como la confianza son necesarios para fomentar grandes relaciones. Las personas con buenas relaciones aún pueden discutir y discutir entre sí, pero al final del día su vínculo se cimenta en la confianza mutua. Entonces, ¿cómo generamos la confianza?

La confianza es el producto
natural de la integridad.

A fin de crear una relación basada en la confianza, tenemos que vivir con integridad. Si no tenemos integridad, no podemos crear la confianza. Me encanta la definición de *integridad* que da Noah Webster. Dijo que es el «total y perfecto estado de cualquier cosa, de la mente en particular». La integridad comprende «todo el carácter moral», pero hace especial referencia a las interacciones entre las personas, empresas y naciones[4].

La confianza es el producto de la integridad. Las buenas relaciones se construyen sobre la confianza, y la confianza viene de la integridad. ¿De dónde proviene la integridad? Creo que la integridad proviene de la verdad. ¿De dónde proviene la verdad? Como cristiano, creo que la verdad viene del Autor de la verdad: Dios.

Cuando comencé a reflexionar sobre la charla TEDx del Dr. Waldinger, y el concepto de la confianza escalable de Seth, me pareció todo muy conocido. Al profundizar más en esto, me remonté a un tiempo hace casi treinta años cuando asistía a la clase de los Alentadores que enseñaba papá. Cada domingo hacía dos preguntas antes de comenzar la lección: «¿Cuántos leyeron la Biblia todos los días esta semana?». (¡Solo un treinta por ciento de las manos se levantaban!). «¿Cuántos de ustedes practicaron un buen diálogo interno bíblico todos los días de esta semana?». El diálogo interno bíblico solo es cuando te repites un versículo de la Biblia, pero lo haces personal poniéndolo en primera persona, en tiempo presente. El Salmo 23 resulta bueno para esto: «Jehová es mi pastor, nada me faltará» (v. 1).

Aquí está el *ajá* para ti. Si quieres crear una vida feliz, satisfecha, equilibrada y exitosa, enfócate en las relaciones. Las relaciones se construyen sobre la base de la confianza, y la confianza es el resultado de la integridad. La integridad se construye sobre la verdad. Lo que papá enseñaba era lo inverso. Pon en tu mente la verdad más poderosa (la verdad de Dios) usando el método más poderoso (tu voz) y esto edificará tu integridad, lo cual te permitirá crear relaciones forjadas sobre la confianza, que a su vez te dará una vida feliz y satisfecha.

¡Todo está conectado! Al desarrollar nuestras cualidades del éxito espirituales, todo mejora en nuestra vida. Cuando elegimos el aporte mental adecuado, en especial el que desarrolla nuestras cualidades del éxito, escogemos un mejor futuro. Esto es mucho más que conocimiento, esto es sabiduría. El conocimiento es la acumulación de información; la sabiduría es la aplicación de esa información con decisiones transformadoras.

De chico le pregunté a papá: «¿Qué sucede si obedeces la Palabra de Dios, pero no crees en Dios?». Su respuesta fue sencilla: «Tomar decisiones sabias basadas en principios y valores te darán los beneficios de esas decisiones, aunque no creas en Dios».

Imagínate que en tu negocio tienes a un cliente clave que representa más del cincuenta por ciento de tus ingresos. Ahora imagínate que tienes que asignar un gerente de cuenta para que trabaje junto con este cliente clave, y que el buen funcionamiento de la relación determinará el éxito o el fracaso de tu negocio. El truco es que solo tienes dos candidatos de donde escoger.

El primero tiene treinta años de conocimiento en la industria y conoce todo el aspecto técnico que necesita el cliente. Aun así, esa persona es pobre en sus cualidades del éxito, y su integridad y capacidad para ser confiable es dudosa. El segundo candidato ha invertido una vida desarrollando sus cualidades del éxito; pero es nuevo en la industria y tiene mucho que aprender en cuanto a la industria y pericia técnica. ¿A quién escogerías? ¿El que tiene el conocimiento, o el que tiene carácter e integridad? Fácil, ¿no crees?

¿QUÉ DECISIONES TOMAS?

Cuando tenía dieciséis años de edad, solicité mi primer empleo «de verdad»: vender zapatos en la tienda *Athlete's Foot* en un centro comercial. Mientras rellenaba la solicitud, le pedí ayuda a mi papá. «Papá, ¿qué escribo en la sección de experiencia? No tengo ninguna». Él me sonrió y dijo: «Hijo, tienes dieciséis años de experiencia en lograr la disciplina, una buena actitud, astucia, carácter e integridad, solo por nombrar algunas. Escríbelas».

¡Me dieron el trabajo!

¿Has decidido esforzarte primero en las cosas más importantes? Nuestras habilidades físicas disminuyen con la edad. Las habilidades y el conocimiento requeridos para triunfar en el mundo de hoy están cambiando con rapidez. El motivo para mantenernos en buenas condiciones y constantemente desarrollar esas habilidades y conocimiento es llevar al máximo el impacto de nuestras cualidades del éxito. Nuestra prioridad es desarrollarnos a nosotros mismos primero. Lo que somos, ser la clase adecuada de personas con buenos principios y valores, nos permite tomar decisiones apropiadas y tomar buenas decisiones.

UN PEQUEÑO CAMBIO PUEDE MARCAR UNA GRAN DIFERENCIA

Hace años estaba trabajando en una mesa de productos en un seminario que celebrábamos en Eugene, Oregón. Ese día asistieron unos ochocientos participantes, y durante uno de los descansos, un hombre se acercó a mirar nuestras ofertas. Sonreía, y me di cuenta de que quería hablar.

—¿Cómo le puedo ayudar? —le pregunté.

—Estos programas son fantásticos —dijo mientras miraba todo lo que teníamos sobre la mesa—. Lo que dijo el Sr. Ziglar ha cambiado mi vida.

—¡Qué bueno! —contesté—. ¿Qué dijo que cambió su vida?

—Muchas cosas que resultan ser ciertas, pero una de ellas me tocó en realidad. Yo he venido luchando con mis relaciones familiares, laborales y sociales. El Sr. Ziglar dijo que debemos ser sinceros por completo con nosotros mismos al evaluar todo lo que hacemos. Mi problema es que pensaba que necesitaba decirle a la gente lo que quería escuchar, y me creé el hábito de decir mentiritas blancas acerca de todo. Cuando el jefe me preguntaba si el informe estaría listo para el miércoles, le decía que sí, aunque sabía que no lo estaría hasta el viernes. Cuando mi esposa me preguntaba si llegaría a tiempo a casa para cenar a las seis, le decía que sí, aunque sabía que sería a las siete. En mi mente no los quería desilusionar cuando hablaba con ellos, y les decía una mentirita blanca. El Sr. Ziglar dijo que siempre debemos decir la verdad.

»Entonces, decidí tratar de ser siempre sincero, ¡y eso lo cambió todo! La próxima vez que el jefe me preguntó si el informe estaría listo para el miércoles le dije la verdad, que sería el viernes. Cuando lo entregué el viernes como prometí, me dio las gracias y me dijo que en realidad no le importaba cuándo estaría, solo quería saberlo para planificar el resto de su trabajo. Cuando mi esposa llamó para confirmar que llegaría a tiempo a casa para cenar a las seis, le dije que estaba retrasado y que sería a las siete. Al llegar a casa a las siete, me dio las gracias y me dijo que en realidad no le importaba a qué hora cenaríamos, solo quería que lo hiciéramos juntos mientras que la comida estaba tibia todavía. Ese simple concepto cambió todas mis relaciones y me dio la prueba necesaria para tomar el resto de los consejos del Sr. Ziglar».

Integridad, carácter, sinceridad, y todas las cualidades del éxito, son el fundamento del triunfo en la vida. ¿Estás listo para construir un fundamento sólido para tu vida?

La manera más rápida de tener éxito es sustituir los malos hábitos por los buenos.

Saca tu bolígrafo, ¡es hora de pasar a la acción!

TRES PREGUNTAS PARA LOGRAR LA TRANSFORMACIÓN

En cada uno de los capítulos acerca de las siete esferas de la Rueda de la Vida, escribe la respuesta a estas preguntas en tu diario. La claridad te ayuda a tomar buenas decisiones y actuar.

1. ¿Cuáles son los deseos, sueños y metas para mi vida espiritual? (Deseo)
2. ¿Cómo mejorará mi vida en el aspecto espiritual cuando desarrolle el carácter, la integridad, la fe y todas las cualidades que me convierten en la persona que Dios quiere que sea? (Esperanza)
3. ¿Cómo puedo aplicar la determinación a mis dones, talentos, habilidades y experiencias en la esfera espiritual de mi vida? (Determinación)

¡Ahora es el momento de desarrollar la estrategia y pasar a la acción!

Primer paso: Identifica tus malos hábitos espirituales

¿Qué malos hábitos espirituales de omisión o de comisión tienes que te impiden desarrollar tus cualidades del éxito como la fe, el carácter, la integridad, el amor, la compasión y la bondad que son negativos y no te dejan lograr tus deseos, sueños y metas?

Escríbelos en tu diario y sé específico.

Segundo paso: Identifica los buenos hábitos espirituales que necesitas

¿Qué información puedes introducir a propósito en tu mente, y qué acciones puedes tomar que fortalecerán las cualidades espirituales que deseas desarrollar que te permitirán alcanzar tus deseos, sueños y metas más rápido (por ejemplo: educación, cursos en línea, relaciones positivas como mentores o entrenadores, libros, pódcasts, diálogo interno, y acciones que puedas tomar)?

Escríbelos en tu diario y sé específico.

Tercer paso: Decide sustituir un mal hábito espiritual con uno bueno

Escoge un mal hábito que quieras sustituir con uno bueno. Comienza con algo pequeño y desarróllalo. ¡La clave es comenzar y perseverar! Cada semana básate en el mismo cambio de la semana anterior y sustituye otro mal hábito con uno bueno.

Ejemplo: En el aspecto espiritual de tu vida identificas el mal hábito de ser demasiado egocéntrico y no centrarte en las necesidades de los demás. Determinas que la vida se ha vuelto tan ajetreada que tu tiempo y atención están demasiado concentrados en conseguir que se haga la siguiente cosa en lugar de construir la relación que tienes justo delante. Decides que quieres desarrollar las cualidades espirituales de la bondad, la gratitud y la de ser un buen oyente para que mejoren las relaciones en tu vida.

Mal hábito espiritual: soy egocéntrico y no me interesa mejorar mis relaciones.

Buen hábito espiritual: desarrollar las cualidades espirituales de gratitud, bondad y escuchar para mejorar mis relaciones.

Aquí tienes cuatro ejemplos de cómo tomar pequeñas decisiones que transformarán tu vida.

Primer ejemplo: Cada día escribe el nombre de una persona por la que estás agradecido. Escribe en tu diario por qué estás agradecido y dale gracias a Dios por esa persona. Nombra una persona al día por dos semanas.

Segundo ejemplo: Vuelve y revisa la lista de esas personas por las que estás agradecido y envíales un texto o una tarjeta, o llámalas por teléfono, diles que estás agradecido de que sean parte de tu vida y diles por qué. Haz esto con una persona al día por dos semanas.

Tercer ejemplo: Hazle a cada persona de tu lista una pregunta del tipo «cuéntame más» y escucha su respuesta, e incluso anota las partes clave de la respuesta de la persona en tu diario. Por ejemplo: «Juan, sé que te gusta viajar a Europa. ¿Me puedes contar por qué?». Hazlo con una persona al día por dos semanas.

Cuarto ejemplo: Haz del «cuéntame más» y las palabras de amabilidad y gratitud parte de tu rutina diaria. No te vayas a la cama hasta que no hayas hecho al menos una de estas tres cosas durante el día de manera intencional. Haz esto durante sesenta y seis días, el tiempo que tarda en convertirse en un hábito esta pequeña decisión que transforma la vida.

¡Decide ganar! Es hora de actuar. Escribe en tu diario lo que harás a propósito:

- Los malos hábitos espirituales que quieres desechar.
- Los buenos hábitos espirituales que quieres llevar a la práctica.
- Un plan de acción diario para implementar por lo menos un buen hábito espiritual.

Esto quizá no parezca mucho, pues solo lleva unos minutos al día poner en práctica una buena decisión espiritual, ¡pero sin darte cuenta tu vida cambiará por completo!

¿Puedes sentirlo? La esperanza aumenta debido a que empiezas a tener claro hacia dónde quieres ir, y has identificado las decisiones que necesitas tomar para llegar allí. ¡Tu globo está comenzando a tomar vuelo y a ganar algo de altitud!

Capítulo 7

FÍSICA

Decide ser persistente y constante

> **TERCERA DECISIÓN:** Tu cuerpo físico es tu motor. La persistencia y constancia con la que alimentes tu cuerpo repercutirá en tu rendimiento en todos los ámbitos de tu vida.

El cambio comienza contigo, pero
no comienza hasta que tú lo hagas.

¿Cómo está tu salud física? Sin pensar en la genética y otras cosas más allá de nuestro control, podemos tomar decisiones que mejorarán nuestro bienestar total. Estas decisiones influirán en todos los ámbitos de nuestra vida. Casi nada que podamos hacer nos dará resultados más rápidos y mayores ganancias que enfocarnos en nuestra vida física, decisión tras decisión. La clave es la CP: constancia persistente.

Lo mencioné en el capítulo 1, pero vale la pena repetirlo. Hace años le pregunté a mi padre: «Papá, te he escuchado decir mil veces que la principal razón de tu éxito es tu carácter y tu integridad. ¿Cuál dirías que es la segunda razón?».

Su respuesta: «Constancia persistente. La constancia es cuando tienes un objetivo que vale la pena lograr y trabajas por él todos los días, o tan a menudo como sea necesario. La persistencia es cuando llevas ese trabajo "a un nivel más alto" cada vez que lo haces».

Constancia persistente, o CP, como nos gusta decir, es la definición que Ziglar le da a una buena ética de trabajo. Puedes aplicar CP a todas las esferas de tu vida y recibir resultados. Específicamente la esfera de lo físico.

¡UNA CUADRA Y UN BUZÓN!

Una de las mejores historias para demostrar la CP es algo que mi padre contaba acerca de «una cuadra y un buzón», y su propia travesía para perder peso y mejorar su salud. Cuando escribía el libro *Nos veremos en la cumbre*, allá por los años setenta, se dio cuenta de que tenía un problema. En el libro decía: «Puedes hacer lo que quieras, ir a donde quieras y ser quien quieras». El único problema es que pesaba unos dieciséis kilos de más y su salud no era lo que debía ser. Por eso, tomó la decisión de perder el peso para siempre. Lo primero que hizo fue ir a un centro de aeróbic, fundado por el Dr. Kenneth Cooper, y someterse a un examen médico y un plan razonable de nutrición y ejercicios.

Yo tenía siete años y recuerdo muy bien ver cómo papá salía a correr. Muchas veces lo acompañaba, él corriendo y yo en mi bicicleta. El secreto de su éxito fue la constancia persistente, ¡y todo comenzó con una cuadra y un buzón!

Aquí tienes el sencillo plan que hizo de la cuadra y el buzón una leyenda. Papá tomó una determinación y se puso una meta de hacer ejercicios cinco veces a la semana. Entonces papá tomó la decisión de hacer *un poco más* cada vez que corría. El primer día logró correr una cuadra antes de tener que detenerse. Sí, ¡no estaba en forma! El segundo día corrió la cuadra más un buzón. El tercer día corrió la cuadra más dos buzones. Y el próximo día una cuadra más tres buzones. Papá continuó esa CP hasta que logró darle la vuelta a la cuadra y luego dos cuadras, luego un kilómetro, un kilómetro y medio, tres kilómetros, hasta sobrepasar los ocho kilómetros.

Nota la secuencia en la historia de papá. Su primera decisión fue obtener la información *mental* adecuada. No solo fue a los médicos, sino que comenzó a leer y a aprender todo lo que pudo acerca de la salud física. Entonces, reforzó su compromiso alrededor de las cualidades *espirituales* de constancia, disciplina y persistencia, lo cual ayudó a construir carácter e integridad. Luego, tomó la *acción* de hacer ejercicios con CP. Debido a que primero tomó las decisiones mentales y espirituales, le resultó mucho más fácil seguir atendiendo las físicas. Papá se mantuvo en buena forma física los siguientes cuarenta años, ya que siguió haciendo ejercicios y comiendo saludable con CP.

Hay otra parte de la experiencia de papá con la cuadra y el buzón que no es muy conocida. Después de varios meses comiendo saludable, haciendo ejercicios y manteniendo la forma, papá se vio en la sala de urgencias con dolores abdominales severos. Los médicos no podían descubrir con exactitud el problema, así que lo ingresaron para hacerle más exámenes.

Al cabo de cinco días, su condición empeoró. Le hicieron una operación exploratoria y descubrieron que tenía perforada la vesícula. Hicieron todo lo posible por eliminarle el veneno del sistema y entonces le hicieron otra operación para remover la vesícula. Varios días después, ya estaba mucho más fuerte. Los médicos nos dijeron que estuvo a punto de morir, y hubiera muerto de no haber estado en tan buena forma física.

Papá escuchó el susurro de Dios acerca de lo que debía hacer; por eso, cuando vino la crisis, estaba mejor preparado. No solo eso, sino que los médicos no le permitieron viajar por seis semanas, lo cual le abrió el horario para dedicarse por completo a escribir un libro que quizá conozcas: *Nos veremos en la cumbre.*

PON EN ACCIÓN LA CUADRA Y EL BUZÓN CON CP

¿Estás escuchando los avisos de Dios? ¿Estás pensando en cómo puedes usar la PC y la cuadra y el buzón para transformar tu vida por completo? La CP y la cuadra y el buzón son dos de los conceptos que les enseñamos a los asistentes a nuestro curso de Certificación del Legado Ziglar (ZLC). Una de las preguntas que le hacemos a la clase es: «¿Tienes tu propia historia de la cuadra y el buzón, y cómo la CP te ayudó a lograr tu objetivo?». Una de nuestras graduadas, Heather Prichard, levantó la mano y nos contó su historia.

A los siete meses de embarazo, Heather sufrió la rotura de una malformación arteriovenosa (MAV) en la columna vertebral. Casi pierde la vida y, después de dar a luz a su bebita, quedó paralizada de la cintura hacia abajo. Los médicos le dijeron que nunca podría caminar. ¡Heather tenía otros planes! Se fijó la meta de caminar antes que su hija recién nacida, y entonces empezó el dificilísimo y doloroso régimen de fisioterapia. Cada día se trataba de CP: haciendo un poco más. Cuando le dieron el alta del hospital, su rehabilitación continuó en casa.

Todos los días, con la ayuda de un caminador, usaba cada pizca de energía para caminar un poquito más. Comenzó a caminar fuera de la casa y su meta fue llegar al próximo buzón de la cuadra. La historia de valentía de Heather y su meta la precedía, y cuando empezaba su rehabilitación diaria, los vecinos salían, cada uno junto a su propio buzón. Le daban palabras de ánimo cuando caminaba hacia su buzón, la saludaban con galleticas, bebidas y otras sorpresas. Heather logró su meta, ¡y hoy camina sola y sin ayuda a todas partes! Tiene una familia hermosa, una carrera maravillosa en bienes raíces, y es una oradora muy solicitada, capacitadora y asesora.

Si Heather puede, tú también, mientras que hagas lo mismo que ella. Heather tenía un enorme *por qué*: su niña recién nacida. Tenía la mentalidad adecuada, que fue el resultado de escoger el aporte mental apropiado que desarrolló su actitud y sus cualidades espirituales del éxito. Entonces, actuó con CP. Sí, al igual que Heather, tú eres capaz de más de lo que crees.

La constancia persistente es un concepto muy poderoso para nuestra salud física, y la buena noticia es que la CP, cuando se aplica, puede cambiar todas las esferas de tu vida. Hace años, me dirigía a Las Vegas con papá para una convención donde él iba a hablar, y yo iba para apoyarle y ayudarle a vender el producto.

Cuando nos sentamos en el avión, papá comenzó su rutina de cuatro pasos. Primero, sacó su sobre con el trabajo que quería hacer en el avión y lo puso a su lado sobre el asiento. Segundo, habló con la azafata, le preguntó su nombre y le dijo que su cinturón estaba atado, iba a tomar una siesta, estaba bien y no necesitaba nada. Tercero, en unos sesenta segundos, estaba dormido.

La gente abordó el avión, el avión se deslizó por la pista y despegó, y papá durmió como un niño todo el tiempo. Una vez que alcanzamos suficiente altitud, el tren de aterrizaje se recogió, y el sonido hidráulico lo despertó. El último paso de su rutina fue sencillo. Tomó el sobre, abrió la bandeja y comenzó a trabajar. Sí, con más de treinta años de experiencia viajando en avión (en ese tiempo), papá sabía cómo maximizar cada situación. ¡No perdía ni un segundo en lograr una productividad eficiente!

Ver cómo se desarrollaba esta situación me llevó a mi siguiente pregunta:

—Papá, ¿en qué trabajas?

—En el discurso de mañana.

—Papá, has dicho el mismo discurso más de mil veces. ¿Por qué sigues trabajando en él?

(Yo sabía la respuesta, pero quería oírla una vez más mientras escuchaba de verdad).

—Dos motivos, hijo. Número uno, será la primera vez que mucha de la gente en ese lugar me habrá oído. Tengo que ser lo mejor que he sido jamás. Si lo logro, quizá una persona en ese salón tome una de las ideas que le doy, y esa idea cambiará su vida. Número dos, estoy trabajando en algunas cosas para personalizarlas. Hablé hace dos semanas con el director ejecutivo, el vicepresidente de ventas y el vicepresidente de mercadeo de la empresa donde hablaré. Esta es la reunión más importante para inaugurar el año, y me dieron algunas palabras clave y estrategias que quieren que incluya en el discurso. Además, estuve leyendo en las noticias cosas que se ajustan a su industria, y quiero incluir alguna de esa información en la charla. Si añado este poquito, alguien en el salón se dará cuenta de que he personalizado esta charla solo para ellos, y les inspirará a actuar sobre una de las ideas que les doy, y tal vez eso cambie su vida».

¿Ves la CP en acción? Papá estudiaba y se preparaba por lo menos tres horas por cada discurso que daba, aun si ya lo había dado mil veces antes. Esto es constancia. Después, «aumentaba el nivel» y le agregaba «un poco más» a la presentación. Esto es agregarle de manera persistente un «buzón» a su discurso.

Superas los mayores desafíos de la vida y construyes una carrera, una vida y un futuro al combinar tus cualidades de éxito con una constancia persistente.

TRES CLAVES PARA LA SALUD FÍSICA: SUEÑO, DIETA Y EJERCICIO

Cuando usas la CP para maximizar tu salud física, conviertes tu cuerpo en una máquina de alto rendimiento que hace los sueños realidad. ¿Es así que ves tu cuerpo? ¡Deberías hacerlo! Tu cuerpo es algo más que un dispositivo de transporte para tu cerebro. Es la planta de energía que provee el combustible para convertirte en la persona para la que te creó Dios.

Tu cuerpo es increíblemente importante, y necesitas comprender la diferencia entre lo que quiere y lo que necesita. El equilibrio final es que tu cuerpo actúa en gran manera como un chico malcriado de dos años. Quiere la gratificación máxima con el mínimo de dolor y gasto. «¡Dame lo que quiero ahora mismo! ¡Y tráemelo!». Sin embargo, lo que tu cuerpo necesita es suficiente sueño, buena nutrición y cantidad apropiada de ejercicio.

Tienes que tomar una decisión. ¿Vas a recibir las órdenes de un niño de dos años, o vas a decidir ganar al desarrollar un cuerpo de alto rendimiento, capaz de alcanzar tus sueños y disfrutar de la mejor salud física posible? Al fin y al cabo, cada bocado que tomas, cada minuto que haces ejercicio (o no) y cuánto duermes es una decisión. Sé que a veces pasan cosas que están fuera de nuestro control cuando se trata de cuánto tiempo tienes para dormir y hacer ejercicios, pero tenemos mucho más control sobre estas cosas de lo que pensamos. Hoy es el día de apropiarte de tu vida física y usar la CP para transformarla. Profundicemos más en el sueño, la dieta y el ejercicio.

Sueño

Cuando yo estaba investigando los mejores hábitos que podemos crear para lograr una buena salud física, me sorprendió saber que dormir bien es más importante que la dieta o la cantidad de ejercicio y movimiento que se hace.

Según investigaciones publicadas en *Anales de Medicina Interna*: el sueño afecta tus patrones de comida; muchas personas sienten la necesidad de comer cosas azucaradas llenas de carbohidratos para impulsar la energía cuando no han dormido lo suficiente. La falta de sueño cambia las células de grasa en el cuerpo, dificultando la pérdida de peso y almacenando la grasa en los lugares indebidos. Otro estudio investigativo publicado en *Nature Communications* reveló que una sola noche sin dormir afecta con negatividad el proceso de tomar decisiones complejas, pero la falta de sueño también aumenta el deseo de comer y disminuye el deseo de hacer ejercicios.

Punto clave de aprendizaje: si tuvieras que elegir entre comer bien, hacer ejercicio o dormir lo suficiente, ¡la mejor opción sería dormir lo suficiente!

No sé tú, pero el objetivo de dormir al menos siete horas en la noche me parece muy bueno. Los beneficios son asombrosos: más energía, más claridad, mejor toma de decisiones, pérdida de peso más fácil, pérdida de la fea grasa no saludable, más fuerza de voluntad, más posibilidades de hacer ejercicio y mejor salud. Si sumamos todo esto, es evidente que cuando duermes lo suficiente, te sientes mejor, haces más cosas y es más probable que sigas tus planes de alimentación y ejercicio, lo que te permite maximizar todo tu potencial.

La decisión de dormir lo suficiente tiene un efecto dominó positivo en cada aspecto de tu vida. Ahora, veamos qué pequeños hábitos puedes crear que aumenten la cantidad y la calidad de tu sueño. La Fundación Nacional del Sueño recomienda ciertos hábitos para aumentar la cantidad y la calidad del sueño, como mantener un horario regular cada día de la semana, hacer una actividad relajante antes de ir a la cama, evitar las siestas durante el día y hacer ejercicios con regularidad. También es importante que tu área para dormir esté libre de distracciones y luz brillante, esté configurada a una temperatura cómoda para dormir (entre 15 y 18 °C), y esté equipada con unas almohadas y un colchón cómodos, y que ofrezcan apoyo. (Para más consejos, visita https://sleepfoundation.org/sleep-tools-tips/healthy-sleep-tips).

Para terminar esta sección sobre el sueño, quiero que hagas una rápida evaluación del sueño. Haz coincidir cada una de las siguientes afirmaciones con la respuesta que mejor te describa: *nunca, a veces, a menudo* o *siempre.*

Todas las noches duermo al menos siete horas de calidad.
Me despierto descansado por completo y listo para afrontar el día.
Mi familia y mis amigos están de acuerdo en que duermo lo suficiente.
Creo que la cantidad de horas de sueño que tengo maximiza mi potencial.

¿Consideras que puedes mejorar tu forma de dormir? Si es así, son buenas noticias, pues cuando eliges dormir lo suficiente, decides vivir para ganar.

Dieta: El método puro y simple

En esta sección no quiero abogar por la dieta del mes, sino darte una mejor manera de fijarte en lo que comes. Yo he luchado con mi peso toda la vida, desde que era niño y compraba la ropa en la sección de los «gorditos». Mi cuerpo es experto en convertir los carbohidratos procesados en grasa. He llegado a tener hasta treinta y dos kilos de sobrepeso, y hasta hace poco, llevé conmigo entre nueve y catorce kilos de más. Permíteme contarte mi historia personal.

En junio de 2007, me enfermé y me harté de estar enfermo y cansado. Parecía que la vida no hacía más que arrojarme sus cosas sucias, asquerosas y repugnantes. Por supuesto, esa es la naturaleza de la vida, ¿pero por qué se me pegaba tanto a mí?

Aunque había tenido la bendición de crecer en el «huerto de Edén» en lo que se refiere a entornos positivos, y a pesar de ser el presidente ejecutivo de una «meca motivacional», había estado haciendo algunas cosas que facilitaban que me derribaran los problemas de la vida.

Primero, el área de la superficie de mi cuerpo era demasiado ancha. ¡Un metro ochenta de estatura y ciento dieciséis kilos de peso creaban demasiado terreno para que aterrizara la basura! Además, lo que ponía dentro de mi cuerpo no era bueno. ¿Has visto alguna vez una camisa que coleccione pelusas o pelos como si existiera una recompensa para esto? ¡Bueno, lo que yo comía coleccionaba cansancio y mal humor como si me fueran a dar un premio por hacerlo!

Como mucha gente, o diría que la mayoría de la gente, había tratado todas las dietas que existen. Sabía que otra dieta no era para mí. Por años hice ejercicios de dos a tres veces a la semana. Es impresionante, ¿no? Claro que mi meta al hacer ejercicios era asegurarme de no sudar y quemar las calorías suficientes para el bufé a la hora del almuerzo ese día.

Basado en esto, supe que tenía que cambiar lo que comía. Al darme cuenta de mi capacidad al parecer ilimitada de ignorar lo evidente, tomé la decisión fundamental de cambiar mi forma de ver la comida. La llamé la Dieta de la Pureza. Y lo hice muy *sencillo*.

Funciona así:

Alimentos puros = BUENO.
Alimentos impuros: MALO.

¿Qué es un alimento puro? El alimento puro solo es el alimento tal y como lo hizo Dios. Sin productos químicos, sin conservantes, sin refinar ni procesar, lo más crudo y natural como sea posible. Cosas como frutas, vegetales, nueces, granos y toda clase de carnes.

La gran diferencia es la parte sin procesamiento y productos químicos. Ahora como la menor cantidad posible de pan, pasta, harina y otros alimentos procesados. También soy exigente con los aceites con los que cocino. Tampoco consumo edulcorantes artificiales.

¿Dio resultado? Perdí treinta y dos kilos y nunca pasé hambre.

Aquí tienes las preguntas que me hago acerca de la comida, y las hago en este orden:

1. ¿Es puro? Ve la definición anterior. Si la respuesta es sí, continúo a la segunda pregunta.
2. ¿Cuántas calorías tiene? Las nueces son puras y tienen muchas calorías buenas. Los vegetales son puros y tienen pocas calorías. La clave es el equilibrio y la variedad. Cada vez que sea posible, elige bajas calorías y alto valor nutritivo.
3. ¿Es orgánico o cultivado localmente? La número tres es un bono. No me vuelvo loco con esta ni me limito si algo no es orgánico o cultivado localmente. No obstante, si puedes escoger, es mejor.

Durante los últimos diez años, esta ha sido mi estrategia básica. Comer alimentos puros tal y como los creó Dios. No siempre he sido ciento por ciento constante con esto, y cada vez que me alejo y subo un poco de peso extra, vuelvo a este enfoque y siempre da resultado.

Aquí tienes varios hábitos de dieta y nutrición que te animo a seguir.

- *Comienza con un médico que entienda la ciencia y el bienestar.* El bienestar no comienza con una pastilla. Comienza con las decisiones que tomas acerca de lo que te llevas a la boca. Los alimentos puros, la cantidad y calidad adecuadas de calorías, y los suplementos apropiados se unen para brindarte la mejor oportunidad de gozar de una salud física óptima. Si entiendes esto, y entiendes que todos somos muy singulares, tu médico puede ayudarte a crear un plan basado en ti.
- «Lo que alimenta *tu mente determina tu apetito*». Esta cita mía es literalmente cierta. Cuando saturas tu mente día a día con información y educación acerca de la salud, lo que debes comer y hacer, el apetito cambia. Cuando comprendes que una merienda de carbohidratos llena de azúcar y químicos se convierte en una mucosidad fibrosa y resbalosa que se almacena en las células, pierdes el apetito por esa clase de merienda. Cuando te enfocas en lo que debes comer, de pronto tomas casi siempre decisiones buenas y puras.
- *Conócete a ti mismo.* He aprendido que a mi cuerpo le encanta el ayuno intermitente. Mi meta es comer el último alimento del día a las siete de la tarde y no comer de nuevo hasta el almuerzo al día siguiente. Mi claridad y energía se elevan, y no siento hambre. Mi cuerpo se beneficia del descanso y la restauración. (Nota: Todavía bebo café negro y agua en la mañana). Recomendación: Pregúntale a tu médico si esto es para ti, y si no sabe mucho acerca de la materia, quizá debas buscar a uno que lo sepa.
- *Planifica con antelación.* Haz un mapa de nutrición diaria para estar seguro de ingerir todo tipo de alimento

puro. Yo viajo mucho, así que mi plan es llevar conmigo las meriendas apropiadas, casi siempre nueces. Esto mantiene mi energía en un nivel alto y el hambre en un nivel bajo, y me ayuda a tomar buenas decisiones aunque las circunstancias no me den muchas opciones.

- Crea el hábito de hacerte esta pregunta: *¿Esto que voy a comer me acercará o me alejará de mi meta para la salud?* ¡Esa es una pregunta difícil! Aun así, vale la pena hacerla.

Cuando empecé a aprender más sobre el impacto negativo en la salud que tienen los conservantes en nosotros, empecé a pensar en el pan. La gente me pregunta acerca de lo que como y de lo que no como. El mayor cambio para mí ha sido el pan. Ya no como mucho pan, a menos que sea de trigo germinado sin procesar, como el pan Ezequiel.

«¿Dónde encuentras ese pan?», es casi siempre la pregunta. «Lo encuentras en la sección refrigerada», les respondo, «pues no está procesado y no tiene conservantes como la mayoría de los panes, así que crea moho con mucha rapidez».

La mayoría de la gente piensa que el pan con moho es malo. Recuerdo de niño que nuestro pan creaba moho después de solo unos días. Ahora pueden pasar semanas sin que el pan se vuelva verde. ¡El hecho es que el pan tiene tantos químicos que el moho es demasiado listo para comérselo! Imagínate eso: el moho tiene más sentido común que nosotros al elegir el pan. Esta es una buena regla general a la hora de elegir los alimentos: si no son lo bastante buenos para el moho, ¡no son lo bastante buenos para ti!

En mi búsqueda de una alimentación pura, también decidí dejar de utilizar todos los edulcorantes artificiales. Como me encanta el té frío, en especial con comidas picantes, esto era importante para mí. Un almuerzo o cena típica consistía en cinco o seis vasos de té, y cada uno recibía como tres de esos paquetitos de esa cosa artificial.

Cuando hice el cambio, no fue debido a todas esas investigaciones científicas acerca del posible daño que pueden causar los edulcorantes artificiales; fue porque no tenía sentido para mí comer comida pura, como Dios la hizo, y luego añadirle toda esa química. Pronto descubrí que cuando eliminas los edulcorantes artificiales, también eliminas una tonelada de sus amigos químicos. Solo lee la etiqueta en la lata de un refresco de dieta y entenderás lo que te digo.

El cambio fue difícil al principio. Lo cierto es que el té no sabía igual. Después de la primera semana lo pude tolerar. Después de la segunda semana sabía más o menos bien. Después de la tercera semana esperaba con expectativa tomar té de nuevo y, al final de la cuarta semana, me di cuenta de que no volvería atrás. Es más, ahora de vez en cuando tomo un sorbito de té con edulcorantes artificiales, ¡y no lo soporto! Es como si cuando esa cosa artificial toca mi lengua, mi mente gritara: «¡Alerta, intruso! ¡Alerta, intruso!».

(Como nota adicional, tampoco uso la azúcar para endulzar. El hecho es que también es refinada, no tiene valor nutritivo alguno, y el alto contenido de calorías me facilitó la decisión).

Dos beneficios sorprendentes por accidente

Cuando comencé, dejé de pronto los edulcorantes artificiales, y en menos de cuarenta y cinco días, esto se convirtió en parte de mi vida normal. En realidad, no pensé mucho en esto hasta el primer Día de Acción de Gracias después de tener un almuerzo en la oficina donde cada uno trajo un plato diferente. Mi hermana (gracias, Cindy) trajo boniatos al horno. Nunca me había gustado el boniato, así que hacía años que no lo comía. Por alguna razón, me serví uno. Lo comí solo, sin mantequilla ni azúcar. Un boniato al horno puro. Cuando la primera mordida entró a mi boca, me sentí en el cielo. Era tan dulce que no lo podía creer. ¡Me parecía que estaba comiendo el postre!

Entonces, me di cuenta de que al cortar los edulcorantes artificiales, el paladar se despertó. De pronto me di cuenta de por qué las frutas sabían tan bien y me sentía tan satisfecho al comerlas. Durante toda mi vida de dietas, he escuchado la palabra *satisfacción* que se usa para describir lo que debe ser una buena comida. Hasta ese momento, no creo que entendiera de veras lo que significaba estar «satisfecho».

Aquí tienes otro beneficio accidental. Este no es un hecho científico, sino una teoría que creo firmemente. Después de ese Día de Acción de Gracias, me di cuenta de que mi gusto por los dulces había desaparecido y que cuando comía algo dulce como una fruta o un boniato, me sentía muy satisfecho. Creo que los edulcorantes artificiales engañan a tu cerebro haciéndole creer que estás recibiendo el auténtico, y cuando el cerebro se da cuenta de que lo han engañado, envía señales para pedir más dulces y suele decir algo así: «Dame algo dulce, ¡ahora!». Sí, ¡ese niño de dos años puede gritar de verdad!

Por años pensé que el uso de edulcorantes artificiales me ahorraba calorías y satisfacía mis anhelos. Sin embargo, solo llenaba mi cuerpo de basura, destruyendo mi paladar, y aumentando el deseo de comer más basura. Esto hace que recuerde una gran ilustración bíblica. He escuchado decir que todos tenemos una necesidad de Dios que solo Él puede satisfacer. No nos gusta, pues reconocerlo significa que no podemos resolver nuestros propios problemas y vamos por la vida llenando esa necesidad con los edulcorantes artificiales de la vida: nuestro trabajo, más dinero, más cosas, alcohol y drogas, relaciones egoístas centradas en la lujuria, solo por nombrar algunas. Queremos cada vez más, buscamos cada vez más, y nunca estamos satisfechos.

Lo artificial es artificial, y *nunca* satisface.

Realiza este breve examen de nutrición:

Todos los días llevo una dieta «pura» y equilibrada: *nunca, a veces, a menudo, siempre.*

Después de comer tengo más energía y deseos de vivir: *nunca, a veces, a menudo, siempre.*

Todos los días llevo una dieta «pura» y equilibrada: *nunca, a veces, a menudo, siempre.*

Mi nutricionista estaría orgulloso de mi dieta: *nunca, a veces, a menudo, siempre.*

Creo que lo que como a diario eleva al máximo mi potencial: *nunca, a veces, a menudo, siempre.*

¿Tienes algún margen de mejora en la categoría de la dieta? Cuando eliges los alimentos adecuados, ¡decides vivir para ganar!

EJERCICIO (¿TENGO QUE HACERLO?)

A alguna gente le encanta hacer ejercicios. A mí no, ¡hasta que los estoy haciendo! ¿Qué me dices de ti?

....

«La lógica no cambiará una emoción, pero la acción sí. Hazlo, y querrás hacerlo».

ZIG ZIGLAR

....

Durante toda mi vida de adulto, sin importar el tipo de ejercicio que hiciera (levantamiento de pesas, caminatas, entrenamiento en intervalos, bandas elásticas, flexiones de brazos, planchas), siempre me ha sido difícil empezar, pero fácil continuar. Aquí tienes mi filosofía sobre el ejercicio y algunos principios que cambiarán tu vida si los sigues.

Piensa a largo plazo. Mi meta es correr detrás de mis biznietos por la playa y las montañas cuando tenga noventa años. Eso significa que tengo casi cuarenta años para prepararme, y mi cuerpo necesita estar lo más libre de daños y en la mejor forma posible cuando llegue allí. ¿Cuál es tu meta a largo plazo en lo que respecta a tu salud física?

Debido a esta visión a largo plazo de la salud física, necesito crear hoy los hábitos que me ayudarán a ser la persona que a los noventa años pueda correr detrás de los biznietos. Aquí tienes algunas preguntas que puedes hacerte sobre el ejercicio:

- ¿Hacer este ejercicio me ayudará a evitar una lesión o aumentará las probabilidades de sufrirla?
- ¿Puedo continuar con este ejercicio hasta los cien años?
- ¿Tengo el tiempo y los recursos para hacer este ejercicio cada día en casa y cuando viajo?
- ¿Este ejercicio aumenta la fuerza muscular o la salud cardiovascular?

- ¿Con qué frecuencia tengo que hacer este ejercicio para conseguir una buena y saludable forma física?
- *Pregunta adicional*: ¿Puedo sustituir un mal hábito con este ejercicio?

Me gusta lo que dice Tom Rath en su libro *Come, muévete y duerme: 30 días para cambiar tu vida*. Tom fue uno de nuestros invitados en el pódcast *The Ziglar Show*[1] y habló de cómo no nos movemos lo suficiente como sociedad. Muchos pasamos cinco, seis y, a veces, hasta nueve o diez horas al día en un escritorio frente a una pantalla. Resalta que ni siquiera treinta minutos de ejercicio cinco veces a la semana es suficiente para vencer esta realidad. Sin embargo, hay algo que todos podemos hacer: ¡podemos decidir movernos!

Me encanta este enfoque, ¡pues responde a todas las preguntas anteriores con un SÍ en mayúscula! Así es que funciona, y lo que yo hago (aun mientras trabajo en este libro). Programo la alarma de mi teléfono para cada hora, y entonces me muevo a propósito durante cinco minutos. Mi objetivo diario es hacer esto seis veces al día. En casa o en la oficina, hago que subir y bajar escaleras sea parte de este movimiento.

Estos son solo algunos de los beneficios:

- Me eleva las pulsaciones del corazón y el flujo de la sangre, y me hace respirar de manera más profunda.
- Mejora mi postura.
- Tengo más energías al terminar.
- Tengo más claridad.
- A menudo hago esto en vez de tomar una merienda, y se me olvida que tengo hambre.

- Es un buen momento para asimilar, pensar y planificar mi próxima actividad.
- Le añado el buen hábito de beber un poco de agua.
- Muchas veces les pido a amigos o compañeros de trabajo que me acompañen, lo que resulta en mejores relaciones.
- ¡Y no sudo! Así que puedo regresar a mi trabajo de inmediato.

Con el tiempo:

- El estado físico aumenta.
- El peso y los centímetros bajan.
- La presión arterial mejora.

Otra razón por la que me gusta este enfoque es que hay muchas cosas que puedes hacer más allá de una simple caminata.

Te exhorto a que encuentres un programa de ejercicios que te dé resultado. El que uso yo lo creó mi buen amigo Scott Eriksson, y se llama *NERDbody*. Puedes obtener más información al respecto en www.NERDbody.com. Me encanta el nombre *NERDbody*. Gracias al éxito que he tenido con el programa, ¡puedo proclamar que estoy orgulloso de ser un nerdo! Cuando eres parte de *NERDbody*, recibes de forma automática mensajes de texto diarios, y cada mensaje tiene un vídeo de un minuto que muestra un ejercicio sencillo que puedes hacer con bandas de resistencia, y cada ejercicio te lleva menos de dos minutos. Con *NERDbody*, en solo unos minutos desarrollas músculos sin riesgo y sin sudar. Cualquiera puede hacer *NERDbody*, las bandas de resistencia son baratas y apenas hay posibilidad de lesionarse.

¿Tu mente está acelerada ahora? Son muchas las cosas que se pueden hacer en cinco minutos que causarán un impacto en tu vida, ¡y te ayudarán a mantenerte en forma hasta los cien años!

Si los ejercicios tradicionales de cuarenta y cinco minutos los cinco días a la semana te dan mejor resultado, fantástico. Lo que quiero decir es que, hagas lo que hagas, ¡hazlo con PC y hazlo a largo plazo!

Realiza una evaluación rápida del ejercicio:

Hago ejercicios o me muevo a diario como parte de mi rutina: *nunca, a veces, a menudo, siempre.*

Mi postura y nivel de condición física me dan mucha energía: *nunca, a veces, a menudo, siempre.*

Mi médico está de acuerdo con mi rutina de ejercicios y movimiento: *nunca, a veces, a menudo, siempre.*

Mi nutricionista estaría orgulloso de mi dieta: *nunca, a veces, a menudo, siempre.*

Creo que el ejercicio que hago a diario eleva al máximo mi potencial: *nunca, a veces, a menudo, siempre.*

¿Tienes algún margen de mejora en la categoría del ejercicio o del movimiento? Cuando haces del movimiento y del ejercicio un hábito diario, ¡decides ganar!

La manera más rápida de tener éxito es sustituir los malos hábitos por los buenos.

Saca tu bolígrafo, ¡es hora de pasar a la acción!

TRES PREGUNTAS PARA LA TRANSFORMACIÓN

Quiero que escribas en tu diario las respuestas a estas preguntas. ¡La claridad te permite tomar las decisiones adecuadas y actuar de manera apropiada!

1. ¿Cuáles son los deseos, sueños y metas para mi vida física? (Deseo)
2. ¿Cómo será mi vida mejor y diferente en el aspecto físico cuando alimente y apoye mi cuerpo con la cantidad adecuada de sueño, alimento, nutrición, movimiento y ejercicio que me permitirán convertirme en la persona para la que me creó Dios? (Esperanza)
3. ¿Cómo puedo aplicar la determinación a mis dones, talentos, habilidades y experiencias en la esfera física de mi vida? (Determinación)

¡Ahora es el momento de desarrollar la estrategia y pasar a la acción!

Primer paso: Identifica tus malos hábitos físicos

¿Qué malos hábitos físicos tienes en lo que respecta al sueño, la comida y la nutrición, el movimiento y el ejercicio que no te permiten vivir la vida en todo su potencial y no te dejan lograr tus deseos, sueños, y metas?

Escríbelos en tu diario y sé específico.

Segundo paso: Identifica los buenos hábitos físicos que necesitas

¿Cómo puedes mejorar la cantidad y la calidad del sueño que recibes, la nutrición y los alimentos que comes, y el movimiento y el ejercicio que haces todos los días? ¿Qué acciones puedes realizar a diario y qué aportes puedes poner en tu mente a propósito, que fortalecerán tu salud física y que te permitirán alcanzar tus deseos, sueños y metas más rápido (tales como la cantidad de horas de sueño, educación para la salud, cursos en línea, relaciones positivas como las de nutricionistas, médicos, entrenadores, mentores o asesores, libros, pódcasts, diálogo interno y acciones que puedas realizar)?

Escríbelos en tu diario y sé específico.

Tercer paso: Decide sustituir un mal hábito físico con uno bueno

Escoge un mal hábito que quieras sustituir con uno bueno. Comienza con algo pequeño y desarróllalo. ¡La clave es comenzar y perseverar! Cada semana básate en el mismo cambio de la semana anterior y sustituye otro mal hábito con uno bueno.

Ejemplo: En el aspecto físico de tu vida, identificas el mal hábito de no hacer nada intencional para crear una buena salud general y equilibrada. Como resultado, tu energía es baja, estás cansado la mayor parte del tiempo y necesitas perder algo de peso. Te das cuenta de que incluso los pequeños contratiempos te agotan y que es muy necesario hacer un cambio antes de que se produzcan daños graves en tu cuerpo. Decides que quieres desarrollar los buenos hábitos físicos de dormir lo suficiente, comer alimentos saludables, y hacer más movimientos y ejercicios.

Mal hábito físico: no hay intencionalidad a la hora de dormir, comer o hacer ejercicio.

Buen hábito físico: desarrollar e implementar un buen estilo de vida de sueño, alimentación y ejercicios, a fin de que la buena salud te permita alcanzar tus deseos, sueños y metas.

Aquí tienes cuatro ejemplos de cómo tomar pequeñas decisiones que transformarán tu vida.

> **Primer ejemplo:** Determina a qué hora debes acostarte cada noche para dormir siete horas seguidas. Una hora antes de acostarte, comienza la rutina de sueño de desconectar los aparatos electrónicos y descansar la mente. Comprométete a hacer esta rutina diaria durante sesenta y seis días.

> **Segundo ejemplo:** Identifica las cinco principales elecciones negativas de alimentos que haces y sustitúyelas por cinco elecciones positivas; luego, cambia una mala elección por una buena una vez a la semana durante cinco semanas. En lugar de un refresco azucarado cada día, sustitúyelo por una botella de agua; o en lugar de un paquete de papas fritas cada día, sustitúyelo por unos frutos secos.

> **Tercer ejemplo:** Sustituye el mal hábito de estar sentado todo el día por el buen hábito de ponerle algo de movimiento a tu día. Programa la alarma de tu teléfono cada noventa minutos y, cuando suene, camina por cinco minutos, haz algunos estiramientos y practica la respiración profunda. Otra opción es www.NERDbody.com, un servicio automático que te envía un mensaje de texto cuatro veces al día con un sencillo ejercicio de dos minutos que cualquiera puede hacer.

Cuarto ejemplo: Cambia tu dieta mental y lee o escucha al menos una cosa al día que te eduque sobre la salud y el bienestar. Haz que el «cuéntame más» y las palabras de amabilidad y gratitud formen parte de tu rutina diaria.

¡Decide ganar! Es hora de actuar. Escribe en tu diario lo que harás a propósito.

- Los malos hábitos físicos que quieres desechar.
- Los buenos hábitos físicos que quieres poner en práctica.
- Un plan de acción diario para implementar por lo menos un buen hábito físico.

Esto quizá no parezca mucho, pues solo lleva unos minutos al día poner en práctica una buena decisión física, pero cuando le añades esto a cada semana, ¡sin darte cuenta tu vida cambiará por completo!

¿Puedes sentirlo? La esperanza aumenta debido a que empiezas a tener claro hacia dónde quieres ir, y has identificado las decisiones que necesitas tomar para llegar allí. Tu globo está comenzando a tomar vuelo y a ganar algo de altitud, pues ahora estás alimentando tu salud que, a su vez, ¡alimenta todas las esferas de tu vida!

Capítulo 8

FAMILIAR

Decide ser una influencia positiva siendo un buen ejemplo

CUARTA DECISIÓN: Las decisiones *familiares* que hagas establecerán el ejemplo y la influencia que deseas ser para tus seres queridos.

La toma de buenas decisiones pequeñas a diario pone en marcha un legado de transformación. Es importante enseñarles a nuestros hijos a hacer lo bueno. Es aún más importante que nosotros hagamos lo bueno, pues «lo que se capta es más poderoso que lo que se enseña».

Cuando predicamos con el ejemplo con lo que hacemos y con lo que decimos, nuestra influencia se multiplica.

Aprendí de mi padre hábitos que nunca me enseñó. Durante mis años de crecimiento siempre me maravilló ver a papá levantarse muy temprano para trabajar. Leer, escribir e investigar era lo que hacía casi todos los días, y comenzaba mucho antes de que saliera el sol.

Recuerdo un día, al principio de mi carrera, que llamé a papá a las siete y veinte de la mañana. Tenía que hacerle una pregunta (además, quería que supiera que había llegado temprano a trabajar). Recuerdo que me aseguré de decirle que lo llamaba desde la oficina. Tuvimos un tiempo agradable, y luego le pregunté cómo iba su mañana.

«Hijo», me dijo, «de maravilla. Ya he trabajado unas tres horas. Le añadí algo a mi discurso y he logrado adelantar bastante en el nuevo libro». Recuerdo que colgué y me pregunté cómo había hecho todo eso.

No creo que nunca me dijera que debía levantarme temprano. Ahora yo hago exactamente lo mismo. Es más, la mayor parte de este libro lo he escrito antes de las nueve de la mañana. Sí, papá nunca me «enseñó» el hábito de levantarme temprano, pero su ejemplo y su influencia se aseguraron de que yo «captara» este maravilloso hábito.

Hace algunos años estaba limpiando el maletero del auto y encontré un sobre y una libreta de notas. Lo abrí y descubrí varias páginas de notas e ideas que escribí en un seminario al que asistí. De inmediato me transporté mentalmente a ese día hacía casi un año. Fue un buen día, y el orador era de un conocimiento increíble, un verdadero experto. Mientras leía las notas, empecé a pensar: *¡Vaya, son buenas ideas! Debería hacerlas.*

En ese momento me hice la gran pregunta: *¿Por qué no las he hecho antes?* ¿Qué me dices de ti? ¿Alguna vez te has hecho la misma pregunta? Entonces, comencé a comparar esto con el impacto que mi padre me causó. Por años, miles y miles de personas se han acercado a nosotros con la misma historia básica: «He escuchado a Zig Ziglar hablar. Comencé a hacer lo que dijo. Mi vida cambió para siempre».

El cambio de vida solo sucedió *después* que hicieron lo que él recomendó: el cambio comienza con el pensamiento y viene después de la acción. ¿Qué los hizo «hacer lo que les dijo»? Creo que las dos palabras clave son *influencia* y *ejemplo.*

En sentido general, la *influencia* denota un poder cuya operación es invisible y conocida solo por sus efectos, o un poder cuya causa y efecto no se ven. Un ejemplo es un patrón o una persona digna de ser imitada.

En términos de la familia, comienza con los ejemplos que demos. Por eso, en los primeros capítulos, analizamos las categorías mental, espiritual y física. Cuando estos tres van por buen camino, nos estamos convirtiendo en una persona exitosa que automáticamente está dando un buen ejemplo. Sin duda, ¡papá dio un buen ejemplo! Entonces, ¿cómo consiguió que tanta gente pusiera en práctica lo que enseñaba?

Tener influencia es solo lograr que alguien actúe. Creo que las dos claves para la influencia positiva son *esperanza* e *identidad.*

Permíteme preparar el escenario. Por más de cuatro décadas, millones de personas oyeron hablar a papá, y la mayoría de las veces había más de diez mil personas en el salón. Puedo imaginarme lo que se decían los que le escuchaban por primera vez: «Vaya, esto es un montón de gente. He oído que Zig Ziglar es bueno, espero que lo sea. Oye, es bastante bueno, ¡y también es divertido! Apuesto a que tiene una buena vida: inteligente, ameno, buen orador. Me la juego a que es rico. Yo nunca podría ser Zig Ziglar».

Y entonces papá hacía esas dos preguntas que mencioné en el capítulo 1: «¿Hay algo en tu vida personal, familiar o empresarial que puedas hacer durante la próxima semana que empeore las cosas? ¿Puedo ver sus manos?». El público siempre se reía mientras levantaba la mano.

«Perfecto. ¿Hay algo en tu vida personal, familiar o empresarial que puedas hacer durante la próxima semana que mejore las cosas? ¿Puedo ver sus manos?». Todas las manos se levantaban.

Entonces papá decía: «Aunque no te hayas dado cuenta, ya decidiste en tu mente que tienes el poder de mejorar o empeorar las cosas, y que la decisión es tuya». Aquí es donde nace la esperanza.

El primer paso en la influencia positiva es mostrarle a la gente que tiene la *opción* de mejorar o empeorar las cosas. Esta opción crea esperanza. Esta opción les da poder, y la esperanza les da el valor de dar el paso para hacer el intento. Una de las cosas más poderosas que podemos hacer por nosotros y nuestra familia es enfocarnos siempre en las decisiones que tomamos ahora para mejorar nuestra situación. Reclama ese poder, ¡y la esperanza nacerá en tu vida!

El segundo paso en la influencia positiva es el concepto de identidad. Papá contaba esta historia casi todas las veces que hablaba: Nació en el sur de Alabama, y luego se mudó a Yazoo City, Misisipi. Su padre murió cuando tenía cinco años, y lo crio su madre soltera que solo tenía una educación de quinto grado en medio de la Gran Depresión. A los seis años fue a trabajar vendiendo cacahuetes en la calle, nunca le fue bien en la escuela, se enlistó en la marina, fue por poco tiempo a la universidad, pero allí tampoco le fue bien, se casó, encontró un empleo como vendedor, y no vendió nada por dos años y medio. Entonces, P.C. Merrell, un líder en su empresa, a quien respetaba, le dio un consejo que cambió su vida. «*Cree en ti mismo y ve a trabajar en un horario regular*».

Mientras papá contaba su historia, pude percibir un cambio en la sala e imaginar los pensamientos de la gente: *Vaya, lo tuvo muy difícil al crecer, y superó algunos desafíos reales. Si él pudo, quizá yo también pueda*. Este es el concepto de identidad.

Debido a que las personas se identificaban con papá, era más probable que siguieran adelante y siguieran su consejo. Apuesto a que es lo mismo para ti. Un experto puede decirte lo que debes hacer, pero si no tienen nada en común, es posible que no escuches su consejo. En cambio, si ese mismo experto te dice cómo él venció el mismo problema que tienes y te dice el impacto que ese problema tuvo en su vida y lo que él tuvo que luchar, es mucho más probable que tomes su consejo. ¿Por qué? Porque *si a él le dio resultado, y es como yo, apuesto a que dará resultado para mí.*

LAS DECISIONES INTENCIONALES LO CAMBIAN TODO CUANDO SE TRATA DE LA FAMILIA

....

Si pudiéramos enseñarles a nuestros hijos una cosa, sería la disciplina de crear hábitos ganadores.

....

Creo que el hábito de la intencionalidad es crítico al hablar de la familia. Cuando hacemos las cosas con intención, elevamos nuestra influencia y nuestro ejemplo al próximo nivel.

A papá y a mí nos gustaba jugar golf con regularidad. Como rutina, yo lo recogía y ponía su grandísima y pesada bolsa de golf en mi auto, y nos íbamos para el campo. Después de la segunda ronda, lo llevaba de nuevo a casa y guardaba la bolsa en el garaje.

Aunque el día que voy a describir sucedió hace más de cincuenta años, lo recuerdo como si fuera ayer. Habíamos terminado un gran día juntos, y estaba a punto de dejarlo en casa. Era una noche cálida de verano, como las ocho, y todavía quedaban unos cuarenta y cinco minutos de luz de sol. La temperatura comenzaba a bajar a un nivel cómodo de unos 32 °C. Puedo escuchar en mi mente el canto de los pájaros y de los saltamontes.

Salí del auto y descargué su bolsa de golf en el garaje, y luego nos abrazamos y nos despedimos como siempre. Cuando me giré para volver al auto, oí su voz: «Hijo, tengo que decirte algo». Me di la vuelta mientras él se me acercaba. Vino hacia mí y me puso ambas manos en los hombros mientras me miraba a los ojos: «Hijo, necesito pedirte disculpas. No creo que te he dicho suficientes veces cuánto te amo y lo orgulloso que estoy de ti».

Ese momento está en mi corazón para siempre.

En lo que a mí respecta, tenía una relación con mi padre tan buena como la que cualquier hijo podría tener con su padre. Sin embargo, gracias a la intencionalidad de papá, la llevó a otro nivel. Incluso mientras escribo este recuerdo, se me llenan los ojos de lágrimas. Nos dimos otro largo abrazo después de esas palabras y luego me fui a casa, cambiado para siempre.

Las decisiones y las acciones que tomamos forjan los hábitos que crean nuestro futuro. Uno de los hábitos intencionales que aprendí de papá fue el hábito que tenía de llevar a sus hijos a tantos actos empresariales apropiados que fueran posible.

Desde temprana edad viajé con mis padres para escuchar a papá hablar en actividades corporativas y grandes eventos públicos. Debido a esto, estuve expuesto a los líderes intelectuales y ejecutivos más influyentes de nuestro tiempo. He escuchado y conocido a Paul Harvey, Norman Vincent Peale, Colin Powell, Steve Forbes, Brian Tracy, Jim Rohn, Denis Waitley, Tom Hopkins, e incontables oradores y celebridades más. Mis padres sabían que conocer a estas personas en el marco apropiado causaría un impacto en mi vida.

Como el legado es una transferencia de hábitos, he hecho lo mismo con mi hija, Alexandra, y ella ha salido conmigo en muchos viajes de negocios. En uno de estos viajes, la vida de Alexandra quedó impactada para siempre. Steve McKnight me invitó a hablar en una conferencia educativa de inversiones de bienes raíces en Melbourne, Australia. Hoy considero a Steve un buen amigo y mentor. Me había comprometido al discurso principal y algunas de las sesiones. Howard Partridge fue y codirigió algunas de las sesiones conmigo.

Alexandra tenía diecisiete años y estaba disfrutando del viaje, puesto que vimos muchas de las increíbles cosas que ofrece Australia. Además, tuvimos un tiempo muy ameno con la esposa de Howard, Denise, y su hijo, Christian. Una tarde, cuando Howard y yo hablábamos en una sesión, Alexandra estaba sentada al fondo del salón de conferencias, observando. Estaba feliz de haber venido, pero más entusiasmada por la verdadera diversión que vendría después de concluir la reunión.

La primera de tres sesiones comenzaron después del almuerzo, y yo les di la bienvenida a los asistentes. Teníamos alrededor de setenta y cinco dueños de negocios e inversionistas de bienes raíces, y era un público muy animado. Solo teníamos una hora, así que nuestra táctica fue dejarlos que hicieran preguntas acerca de las empresas pequeñas, y contestarlas y educarlos respecto a esas preguntas. Después de varias preguntas, Howard se volvió a mí y dijo: «Tom, creo que podemos escribir estas preguntas en la pizarra, ¿no te parece?». Estuve de acuerdo y Howard dijo: «Alexandra, ¿quieres venir y escribir las preguntas en la pizarra?».

¡Ay, no! Miré a Alexandra en la última fila (que se había estado ocupando de sus propios asuntos con su teléfono inteligente), y cuando se puso de pie, tenía la clásica «mirada del ciervo ante las luces de un auto». ¡No estaba contenta! De pronto, mostró la «sonrisa de la bailarina» (la «sonrisa de la bailarina» significa que sonríes aunque el dedo del pie esté fracturado y sangrando) y caminó con la gracia de una bailarina con doce años de *ballet* por el pasillo central hasta el frente del salón. Sus ojos se encontraron con los míos, y comenzó la mirada de padre e hija. De sus ojos salían rayos láser mientras yo sentía que mi cara empezaba a derretirse. Se dirigió al frente, anotó las preguntas de manera maravillosa y se sentó después de unos minutos.

Inmediatamente después de la sesión, me dijo: «Papá, dile a Howard que no quiero escribir en la pizarra ni que me llame al frente. Estoy feliz de estar aquí, pero no me pidan que haga nada frente al grupo». Le prometí que lo haría, pero al instante, algunos de los que estaban en la sesión me detuvieron con sus preguntas. Antes de darme cuenta, comenzó la segunda sesión.

Howard comenzó. «Gracias por venir. En esta sesión, Tom y yo contestaremos sus preguntas acerca de mercadeo, ventas, operaciones, administración y liderazgo en sus empresas pequeñas, y trataremos de asesorarlos acerca del tema. Alexandra, ¿puedes venir al frente y escribir las preguntas en la pizarra?».

¡Cielos! ¡Ahora sí que se enfadaría conmigo! Se levantó y puso la sonrisa de bailarina una vez más. Mientras caminaba, me miró, ¡y esta vez eran bombas nucleares las que me lanzaba con los ojos! Sabía que no estaba contenta, y yo estaba en peligro porque no le dije a Howard lo que me pidió.

Hizo un excelente trabajo escribiendo en la pizarra y luego se sentó. Una vez más, después de la sesión, me hizo prometerle que le diría a Howard que no la llamara para la última sesión. Se lo prometí, pero otra vez los empresarios me distrajeron con sus preguntas. Antes de darme cuenta, comenzó la tercera sesión y aún no le había dicho nada a Howard.

Y fue entonces que sucedió. Howard comenzó la tercera sesión: «Alexandra, ¿puedes venir al frente y escribir las preguntas en la pizarra?». Ambos miramos al fondo del salón donde Alexandra estaba sentada, ¡y no estaba allí! Entonces, la vimos levantarse. Se había sentado en la esquina de la segunda fila cerca del frente. ¡Saltó del asiento con una sonrisa y comenzó a escribir!

Esto fue lo que sucedió. En cada descanso, esos maravillosos australianos venían a ver a Alexandra y le hacían preguntas. «¿Te gusta Australia? ¿Te gusta viajar con tu papá? ¿A qué universidad irás? ¿Crees que serás oradora algún día como tu papá?». Mientras más le preguntaban, más sentía ella que era parte del grupo, más se sentía como una adulta. Ante mis propios ojos vi a mi tímida y reservada hija de diecisiete años convertirse en una mujer confiada de diecisiete años.

La cita de papá lo resume todo: «Para un niño, el amor se deletrea T-I-E-M-P-O». Debido a que había aprendido este hábito de mi papá, Alexandra vino en este viaje y muchos más. Debido a este tiempo que pasamos juntos en diferentes situaciones, ella sabía que era amada. Debido a que las personas que conoció pensaron que podía hacer más de lo que ella pensaba... ¡lo hizo!

Pasa tiempo con tus hijos de manera intencional, y haz que sean parte de tu negocio y tus situaciones de adulto tanto como sea posible, ¡y ellos te sorprenderán y te deleitarán!

El resto de la historia con Alexandra todavía se está escribiendo. Ahora está graduada de la universidad y tiene su primer empleo. Trabaja para Howard Partridge, ¡y todavía él la saca de su zona de comodidad!

Ser intencional te prepara a ti y a tu familia para ganar. Puedes vivir para ganar, y vivir para ganar comienza con la decisión de ser intencional con los que más quieres y te importan.

Una de las cosas que más me encanta es enseñarles a las familias a ser intencionales en cuanto a su legado. Les recomiendo que decidan por qué quieren que les conozcan. Aquí tienes una pregunta para ti: ¿Qué quieres que otros digan a tus espaldas acerca de tu familia? ¿Qué palabras quieres que describan el legado de tu familia? Estas son las palabras por las que se conoce a la familia Ziglar:

- Esperanza
- Ánimo
- Carácter
- Integridad
- Constancia persistente (ética de trabajo)
- Fe

Hablé de este concepto en una de nuestras conferencias de propietarios de pequeñas empresas, y la familia Hallas lo tomó en serio y creó sus propias palabras alrededor de su apellido.

En una conferencia posterior, me contaron lo que hicieron y les pedí que me enviaran una carta explicando lo que hicieron y cómo lo hicieron.

Hola, Tom:

Es difícil expresar con palabras el impacto que usted y su padre han tenido en nosotros. Ustedes han sido una bendición para nosotros y sería un honor ser parte de su libro.

El acrónimo de nuestro apellido, Hallas[1]:

Trabajar duro
Aportar valor
Amar al Señor
Vivir con alegría
Aplicar conocimientos
Servir a los demás

Nos inspiraron tres personas.

Una fue Mark Timm. Le escuchamos en el pódcast *True Performance* [Verdadero desempeño], y luego una vez más en la conferencia de Howard. Habló acerca de tener una misión para nuestra familia.

El siguiente fue Dave Ramsey, quien enseñó a sus hijas lo que significa ser una «chica Ramsey».

La tercera persona que nos inspiró fue usted durante sus charlas acerca del legado y la importancia de tener uno que valiera la pena recordar. Nos habló de elegir las palabras que se dirían los hijos de nuestros hijos y discutir esas palabras en la mesa de la cena, etc.

Para implementar lo que aprendimos, les pedimos a nuestros hijos que pensaran en palabras que nos representaran. Luego, tuvimos una reunión donde cada uno manifestó sus palabras, y nuestra hija mayor las escribió en una pizarra. Hablamos de sus significados y votamos por seis frases que pensamos que eran las mejores. Escogimos seis porque más serían demasiadas para recordar.

Las frases originales eran trabajar duro, agregar valor, aprender, actitud de gratitud, sabiduría y servir a los demás. Mientras las escribíamos, Jamie se dio cuenta de que si modificábamos la forma de decirlas, cada una comenzaba con una letra de nuestro apellido, que también tiene seis letras. Trabajadores se convirtió en trabajar duro. Cambiamos sabiduría por aplicar conocimientos. Actitud de gratitud se transformó en vivir con alegría. También nos dimos cuenta de que nuestro amor por el Señor no se había expresado en los valores de la familia, así que votamos por cambiar la palabra aprender por amar al Señor. Pensamos que sería más fácil para los niños y para nosotros recordarlos si cada valor comenzaba con una letra del apellido.

Ahora estamos en el proceso de discutir los valores, lo que significan y cómo podemos vivirlos y encontrar versículos bíblicos que los apoyen.

Pensamos que le gustaría escuchar en las palabras de nuestros hijos lo que ha significado para ellos escoger nuestro legado, así que les pedimos que lo escribieran. Aquí tiene lo que escribieron:

Erustus (12 años): Me entusiasmé cuando hicimos el proceso de escoger un legado familiar. Fue interesante, pues nunca habíamos hecho algo así. Saber lo que representa Hallas casi que le da un significado más a mi vida. Tener un legado familiar me ayuda a tomar decisiones que representen el estándar familiar.

Torah (10 años): Me gustó tener un legado familiar. Me hace querer hacer lo que Hallas representa y hacer lo bueno.

Isaiah (7 años): Pregunta: ¿Qué sentiste durante el proceso de escoger un legado familiar? Respuesta: Me pareció divertido porque nunca hemos hecho algo así.

Pregunta: ¿Cómo te ayudó la conversación que tuvimos juntos acerca de dejar un legado? Respuesta: Para saber lo que debemos hacer.

Pregunta: ¿Quieres contarle algo más al Sr. Ziglar? (Él escribió:) Trabajar más duro que nunca.

Faith (5 años): Me gusta cuando decimos: «Nací para ganar... y soy fenomenal...» y lo que es un Hallas, pues creo que es bueno y es bueno saberlo.

Me ayuda porque me ayuda a obedecer a Dios. Me hace sentir bien.

Si tiene alguna pregunta, o necesita que le explique algo, siéntase en libertad de llamarnos.

¡Mi deseo es que usted pueda continuar creciendo en la gracia y el conocimiento de nuestro Señor y Salvador Jesucristo, y que continúe inspirando a muchos!

Nick y Jamie Hallas

Como puedes ver, la familia Hallas ha decidido ganar de manera intencional, ¡pues entienden que es una decisión!

DEJA MARCADORES INTENCIONALES

Mamá y papá decidieron mudarse a una comunidad para personas mayores poco después de cumplir los ochenta, y encontramos un hermoso lugar a poco más de tres kilómetros de su casa. Mientras preparábamos para mudarlos, mi trabajo fue ayudar a recoger la biblioteca de papá de más de tres mil libros. Fue un gran reto: Solo podíamos quedarnos con doscientos; así que, ¿con cuáles nos quedaríamos?

Comencé a revisar los libros uno por uno. Noté que tenía varios ejemplares de algunos, y sabía que los mantenía para regalar. Yo me quedé con uno de cada uno. Mientras revisaba las páginas de los libros, me di cuenta de que papá había escrito notas en uno de cada quince libros. Comencé a profundizar, y mientras leía uno de los libros, pude ver de dónde había sacado alguna de su información, y por las notas al margen, pude darme cuenta de cómo esta información se convirtió en parte de sus presentaciones. Pude ver el proceso de pensamiento de papá en la página, combinado lo que ya él sabía con esta nueva información. ¡Fue como descubrir un tesoro enterrado!

Cerré el libro, y comprendí que había recibido un enorme regalo. Entonces, descubrí el título del libro: *Buried Treasure: Secrets for Living from the Lord's Language* [Tesoro enterrado: Secretos para vivir del lenguaje del Señor], por el rabino Daniel Lapin. Fue como si Dios me dijera que mi padre me había dejado marcadores y que yo necesitaba hacer lo mismo. Desde entonces me he puesto en contacto con el rabino Lapin y nos hemos hecho buenos amigos. Lo considero uno de mis mentores y me dijo que todos necesitan un rabino, ¡incluso los cristianos!, así que lo reclamo como mi rabino. Ahora, cuando leo un nuevo libro, también dejo marcadores, no solo notas para mí, sino para mi hija y mi esposa, y mis nietos que todavía no han nacido. Dejar un legado por diseño tiene que ver con las decisiones intencionales que tomemos.

¿Por qué no dejas algunos marcadores ahora mismo? Mientras lees este libro, escribe notas al margen acerca de lo que significa. Si te viene a la mente uno de tus familiares, escríbeles una nota en la página. Si estás leyendo en una versión electrónica y recibes mucha utilidad, considera comprar una versión en papel y vuélvelo a leer, y déjale a tu familia «notas de amor». Crea un lugar especial en tu casa para los libros que más te han impactado y escríbeles notas por todo el libro a los que amas. Estos marcadores se extenderán por toda la eternidad.

SÉ UN OBSERVADOR INTENCIONAL

Cuando se trata de tu cónyuge, tus hijos y tus nietos, ¿has decidido observarlos a diario? Hablo de observarlos bien.

Si tienes un álbum de fotografías viejo, te reto a que mires las fotos de 2005 y antes. ¿Tienes fotografías de jovencitas entre los doce y dieciséis años solo pasando el tiempo? ¿Qué ves? Nota el cabello, las ropas, el maquillaje. Si solo están pasando el tiempo, es posible que veas el cabello en un moño, camisetas, vaqueros y muy poco maquillaje. Ahora, compara esto con las chicas de hoy haciendo lo mismo. ¿Qué observas? Cabello perfecto, maquillaje perfecto, ropas hermosas.

¿Por qué el cambio? Ahora los «selfis» y las redes sociales mandan y más vale que estés preparado para la «difusión». Ya no puedes ser tú mismo; tienes que ponerte la máscara y presentar la imagen que crees que todo el mundo quiere ver y cómo crees que es la vida de los demás. No es de extrañar que nuestros hijos lo pasen tan mal.

¡Es hora de observar!

Uno de mis amigos me contó esta experiencia. Estaba ayudando a acompañar a un grupo de estudiantes de secundaria en un retiro en la iglesia. El programa era desde las seis de la tarde del viernes hasta las diez de la mañana del domingo en el gimnasio de la iglesia. Mientras estaba en la puerta del gimnasio recibiendo a los chicos que llegaban, notó que una le pasó por delante y fue directo a los vestidores. Lo que vio lo impactó.

Una chica de trece años llevaba unos tacones de aguja de diez centímetros, una minifalda extremadamente corta, un revelador top sin mangas que dejaba al descubierto su vientre, toneladas de maquillaje muy de adulta y el cabello recogido como si fuera una escena de club nocturno. Él la conocía como una adorable jovencita, y nunca había imaginado esta faceta suya.

Diez minutos después, esta misma chica salió del vestuario cambiada por completo. Ya no tenía maquillaje y llevaba el pelo recogido. Usaba un pantalón deportivo, una camiseta y una gran sonrisa. La llamó a su mesa.

«¿Qué pasó con las ropas?», le preguntó.

«Quería ver si mi papá me observaba cuando salí de casa».

¡Cielos! Papás y mamás (pero los papás en especial) es hora de observar.

ELIGE LOS LÍMITES ADECUADOS

Me encanta esta cita de G.K. Chesterton: «Nunca quites una valla hasta saber por qué se colocó».

Me recuerda la historia de la señora rica entrevistando choferes. Quería uno bueno, seguro y habilidoso. Durante la entrevista, a cada candidato le hizo la misma pregunta: «¿No le molestaría conducir por el borde de un abismo a cien kilómetros por hora?». Uno tras otro le daba la misma respuesta. «¡Claro que no! Estoy bien capacitado y mis habilidades son excelentes». Por último, le preguntó a un chofer más viejo y su respuesta fue: «¿A quién le gustaría conducir por el borde de un abismo peligroso a cien kilómetros por hora? Yo me mantendría lo más lejos posible de un peligro así». Ella le dio el empleo en ese momento.

Para nuestra cultura, todo es cosa de quitar cercas y conducir por el borde de los abismos con velocidad. Sin embargo, las barandas se construyen por motivos, y es difícil caerse por el abismo si mantenemos buena distancia.

¿Qué límites, vallas, tienes en tu vida? Papá tomó la decisión de que mamá fuera su cuenta número uno y que no haría nada para causarle preocupación con respecto a su relación con ella. Por eso decidió que nunca se encontraría a solas con una mujer que no fuera mamá, por ningún motivo. Esto incluyó que le recogieran en el aeropuerto en sus muchos viajes, reuniones en la oficina (la puerta siempre estaba abierta) y otros entornos profesionales. Construyó una valla bien lejos del borde del abismo. Para muchos, la valla puede parecerles tonta, pero cuando vemos los cuerpos en el fondo del abismo, no nos parecen tontas.

¿Qué me dices de ti? ¿Qué vallas puedes construir alrededor de ti y de tu familia?

DECIDE CREAR EL AMBIENTE ADECUADO

Estábamos en una clase de capacitación y salió a relucir el tema del matrimonio. Mi hermana Julie hablaba y su esposo,

Jim, estaba en el salón. Julie viaja y habla a organizaciones sin fines de lucro, y su agenda la mantenía fuera mucho tiempo. Uno de los participantes hizo esta pregunta: «Jim, ¿cómo te las arreglas con todos los viajes de Julie y el tiempo que pasan separados? ¿No es difícil?».

La respuesta de Jim fue una de las mejores que he escuchado, y salió de las luchas y de haber vencido las dificultades al principio de su matrimonio, que Julie narra en su libro: *Growing Up Ziglar.*

Jim dijo: «Una vez que me di cuenta de que mi papel como esposo era crear un ambiente que le permitiera a mi esposa ser todo lo que Dios quería que fuera, nuestro matrimonio cambió».

¡Vaya! Lo que me gusta de la sencilla respuesta de Jim es que se puede invertir y decir de esta manera: el papel de la esposa es crear un ambiente que le permita a su esposo ser todo lo que Dios quiere que sea.

Imagínate un matrimonio donde ambos cónyuges estén comprometidos a esta idea. Cuando ambos se comprometen a esto, todos ganan y se crean los legados. Tener una familia que gane es de veras una decisión. Tú puedes crear a propósito hábitos que duren toda una eternidad. ¡Es hora de actuar!

Tómate unos minutos y haz lo mismo que hizo la familia Hallas. Piensa en por qué quieres que se conozca a tu familia y usa las letras de tu apellido para formar el acróstico para que sea fácil de recordar y exclusivamente tuyo.

La manera más rápida de tener éxito es sustituir los malos hábitos por los buenos.

Saca tu bolígrafo, ¡es hora de pasar a la acción!

TRES PREGUNTAS PARA LA TRANSFORMACIÓN

Quiero que escribas en tu diario las respuestas a estas preguntas. ¡La claridad te permite tomar las decisiones adecuadas y actuar de manera apropiada!

1. ¿Cuáles son los deseos, sueños y metas para mi vida familiar? (Deseo)
2. ¿Cómo será mi vida mejor en el aspecto de la familia cuando decida dar un buen ejemplo y ser una buena influencia en las conversaciones, acciones y decisiones que tomo con respecto a mi familia a fin de poder tener la relación familiar que Dios tiene para mí? (Esperanza)
3. ¿Cómo puedo aplicar la determinación a mis dones, talentos, habilidades y experiencias en la esfera familiar de mi vida? (Determinación)

¡Ahora es el momento de desarrollar la estrategia y pasar a la acción!

Primer paso: Identifica tus malos hábitos familiares

¿Qué malos hábitos familiares limitan la profundidad de tus relaciones con tu familia? Yo creo profundamente en la «adopción», así que no dudes en «adoptar» a otros a tu familia y aplica estas ideas a ellos también. ¿Qué distracciones, tecnologías y realidades han creado malos hábitos y decisiones negativas que frenan tus relaciones familiares y te impiden alcanzar tus deseos, sueños y metas?

Escríbelos en tu diario y sé específico.

Segundo paso: Identifica los buenos hábitos espirituales que necesitas

¿Qué información puedes poner a propósito en tu mente y qué acciones puedes tomar que fortalecerán las cualidades que deseas desarrollar en ti mismo que te permitirán tener la influencia y ser el ejemplo que necesitas para alcanzar tus deseos, sueños y metas más rápido (por ejemplo: educación, cursos en línea, relaciones positivas como mentores o entrenadores, libros, pódcasts, diálogo interno, acciones que puedas tomar y darle prioridad al tiempo)?

Escríbelos en tu diario y sé específico.

Tercer paso: Decide sustituir un mal hábito familiar con uno bueno

Escoge un mal hábito que quieras sustituir con uno bueno. Comienza con algo pequeño y desarróllalo. ¡La clave es comenzar y perseverar! Cada semana básate en el mismo cambio de la semana anterior y sustituye otro mal hábito con uno bueno.

Ejemplo: En el ámbito familiar de tu vida, identificas el mal hábito de no priorizar las necesidades de tu familia por encima de todo lo demás. El resultado es que no hay tiempo intencional para lo que de veras importa: las relaciones que tienes con los que más quieres. Esto crea relaciones tensas y dudas con tus hijos, tu cónyuge y todas las personas a las que llamas familia. Determinas que la vida se ha vuelto tan agitada que tu tiempo y tu atención están demasiado centrados en hacer lo siguiente en lugar de fomentar las relaciones que tienes justo delante. Decides en este momento poner a la familia en primer lugar, y esta sencilla pero profunda decisión se extenderá por la eternidad y creará el legado que deseas.

Mal hábito familiar: la familia no es mi prioridad.

Buen hábito familiar: compromiso diario e intencional con mi familia.

....

«Las palabras que les decimos a
nuestros hijos hoy serán los susurros
que escucharán cuando ya no estemos».

RODNEY EILAND

....

Aquí tienes cuatro ejemplos de cómo tomar pequeñas decisiones que transformarán tu vida.

Primer ejemplo: Cada día escribe el nombre de una persona por la que estás agradecido. Escribe en tu diario por qué estás agradecido y dale gracias a Dios por esa persona. Nombra una persona al día por dos semanas.

Segundo ejemplo: Prioriza y reserva un tiempo en tu calendario cada semana para una conversación familiar intencionada sobre un tema que será importante dentro de treinta años. La conversación solo debe durar diez minutos, y puede tener lugar durante la cena, por teléfono o mientras caminan. Lo que importa es planear de manera intencional la conversación y luego tenerla. Hazlo cada semana.

Tercer ejemplo: Pídele a cada uno que te diga lo que más le importa acerca de la familia. Anótalo en tu diario y escucha bien para entender en qué punto se encuentra cada persona con respecto a su compromiso con la familia. Pregúntale al menos a una persona al día hasta que sepas lo que todos piensan y sienten. Está bien tener varias conversaciones con cada persona y luego utilizar la propuesta «cuéntame más» cuando empiecen a sincerarse sobre un tema o aspecto, y escucha su respuesta. Por ejemplo: «Juan, sé que tienes muchas ganas de ir a la playa en nuestras vacaciones familiares. ¿Puedes contarme más sobre por qué te gusta la playa?».

Cuarto ejemplo: Identifica las palabras, principios y valores por los que quieres que se conozca a tu familia, y hazlos parte del vocabulario y del estilo de vida de la familia. Estas palabras serán tu legado. Ten conversaciones semanales acerca de estos conceptos.

¡Decide ganar! Es hora de actuar. Escribe en tu diario lo que harás a propósito.

- Los malos hábitos familiares que quieres desechar
- Los buenos hábitos familiares que quieres poner en práctica
- Un plan de acción diario para implementar por lo menos un buen hábito familiar

Esto quizá no parezca mucho, pues solo lleva unos minutos al día poner en práctica una buena decisión espiritual, ¡pero sin darte cuenta tu vida cambiará por completo!

¿Puedes sentirlo? La esperanza aumenta debido a que empiezas a tener claro hacia dónde quieres ir, y has identificado las decisiones que necesitas tomar para llegar allí. Tu globo está comenzando a tomar vuelo y a ganar algo de altitud, y tu familia está empezando a disfrutar del viaje.

Capítulo 9

FINANCIERA

Decide esperar y soñar

QUINTA DECISIÓN: Tomar decisiones *financieras* sabias inspira tu esperanza y construye tus sueños.

Una de las cosas que me sorprende es la cantidad de personas que tienen actitudes y creencias equivocadas sobre el dinero. Hace unos años, publiqué esta cita en nuestra página de Facebook de Zig Ziglar:

«El dinero no es lo más importante, pero está bastante cerca del oxígeno».

ZIG ZIGLAR

Casi de inmediato una señora respondió: «Sabía que a Zig Ziglar solo le importaba el dinero».

¡Ahí fue cuando comenzó la diversión! En esa época teníamos unos dos millones y medio de seguidores (ahora tenemos casi cinco millones). Una de las grandes cosas que tienen nuestros seguidores es que nos defienden. Observé la sección de comentarios en vivo mientras la gente comenzaba a responder.

«¿Has leído alguna vez uno de los libros de Zig Ziglar?».

«¿Le has escuchado hablar alguna vez?».

«¿Por qué no buscas en Google a Zig Ziglar y ves lo que cree y defiende?».

A decir verdad, fue maravilloso ver cómo la gente defendía con tanta amabilidad a papá y a nuestra filosofía. Decidí averiguar más y busqué la página de FaceBook de la señora que hizo el comentario. Lo creas o no, la última entrada en su página decía: «Mi mayor gozo en la vida es ayudar a otros que no pueden ayudarse a sí mismos».

¡Cielos! Estuve de acuerdo cien por ciento, y entonces hice la pregunta obvia: «¿Cómo puede usted ayudar a otra persona si no tiene nada que dar?».

Tomé un descanso de FaceBook y volví horas después a ver cómo iban las respuestas a su entrada. Para mi deleite, la señora había publicado un comentario actualizado. Esto fue lo que dijo: «Gracias a todos por sus comentarios a mi entrada. Investigué a Zig Ziglar y tienen razón. Es genuino. Perdónenme por mi respuesta inicial».

¡Vaya! Esto prueba que a veces sí ocurre algo bueno en los comentarios de FaceBook. Creo que la razón por la que cambió de opinión fue por el amor y el tono de los comentarios que le hicieron nuestros seguidores. Entendieron que la señora no sabía lo que no sabía.

¿Qué actitud y creencias tienes acerca del dinero y tus finanzas? En tu *Decide ganar*, quiero animarte a que tengas en cuenta dos cosas con relación a cómo ves el dinero.

Decide creer:

- Que es moralmente bueno ganar dinero.
- Que es moralmente bueno tomar decisiones financieras sabias.

Me encanta lo que dice mi mentor y amigo el rabino Daniel Lapin acerca de ganar dinero: «Cuando uno le resuelve el problema a alguien, a menudo nos recompensan con un certificado de agradecimiento, a esto lo llamamos dinero. Mientras más problemas resuelvas, más certificados de agradecimiento recibes. Dios nunca se enorgullece más de sus hijos que cuando resuelven los problemas de sus otros hijos»[1].

Dios te ha dado talentos, habilidades y experiencias únicos, y cuando los usas para resolver los problemas de sus demás hijos, Él se complace en ti. Esto es una buena noticia. El dinero solo es el fruto, el certificado de agradecimiento, que te compensa por resolver los problemas de otros. El dinero que se gana en servicio a otros, y como resultado de resolverles sus problemas, es bueno.

Cuando ganas dinero, tienes la responsabilidad moral de usarlo con sabiduría. Tu manera de administrar las finanzas es clave, puesto que tienes la responsabilidad de proveer para ti, tu familia y para quienes Dios te llama a ayudar.

¿Cómo te va en la esfera de las finanzas? ¿Estás endeudado? ¿Estás ahorrando para tu jubilación? ¿Vives en el borde, donde un gasto inesperado puede crear caos en tu vida?

Tengo buenas noticias para ti. ¡Tienes una opción! Nunca es tarde para comenzar de nuevo. Puedes comenzar hoy, ahora mismo, a crear el futuro financiero que deseas. Y mejores noticias aun: Tomar sabias decisiones financieras le da inspiración a tu esperanza y forja tus sueños.

¿SUEÑO O DESASTRE?

En mis viajes, y como resultado de conocer decenas de miles de personas, he notado que la mayoría de las personas no toman en serio su situación financiera hasta que se enfrentan con dos cosas: los sueños y los desastres.

¿Estás más cerca de tu *sueño* financiero o del *desastre* financiero? Poner en orden tu casa en lo que se refiere a las finanzas determinará el tiempo y el dinero que tengas para seguir tus sueños. Sustituir los malos hábitos con buenos hábitos crea éxito financiero y te da la habilidad de tener flexibilidad de tiempo y dinero para dedicárselos a tus sueños.

A continuación se muestra una lista de los malos hábitos y errores financieros más comunes que comete la gente. Estos malos hábitos solo se eliminan cuando se identifican y se sustituyen con uno bueno. En tu diario escribe una lista enumerada 1a, y 1-18, y al lado de cada una escribe sí o no para indicar si estás cometiendo ese error.

Mal hábito 1a: ¿Vas por la vida sin un *por qué* y un sueño identificados con claridad? Cuando investigué los errores financieros más comunes, me sorprendió que ninguno de los «expertos» pusiera esto como la clave del éxito financiero. Al final, necesitas un gran *por qué* y un sueño tan vívido que cuando venga la tentación, la puedas resistir. Identificar y revisar tu gran *por qué* y tus sueños es uno de los mejores hábitos que puedes crear.

Mal hábito 1: ¿Gastas sin necesidad y de manera impulsiva? Esto es lo opuesto a la más grande disciplina de creación de riqueza que existe: la gratificación retrasada. El hábito de seguir el presupuesto y decirle que no al impulso de comprar te ayudará a crear la vida que te mereces.

Mal hábito 2: ¿Haces pagos a tarjetas de crédito que parecen nunca acabar? ¿Cuántas mensualidades tienes? ¿Con cuánta frecuencia haces solo el pago mínimo? Pagar los intereses de la deuda del año pasado es una barbaridad.

Mal hábito 3: ¿Vives con dinero prestado? Las hipotecas contra el patrimonio de tu casa son solo una de las muchas formas de pedir prestado un estilo de vida a corto plazo y una deuda a largo plazo.

Mal hábito 4: ¿Compras autos nuevos? El automóvil nuevo promedio pierde el sesenta por ciento de su valor en los primeros cinco años. En un auto nuevo de treinta mil dólares, ¡son dieciocho mil dólares tirados por el inodoro!

Mal hábito 5: ¿Compraste demasiada casa? La «casa cara» es muy común. Asegúrate de que puedes dar una cuota inicial de al menos el veinte por ciento de tu casa y de que no tengas que pagar el PMI [por sus siglas en inglés del seguro hipotecario privado]. El pago de la casa no debe ser superior a un tercio de tu salario neto.

Mal hábito 6: ¿Tratas el patrimonio de tu casa como una alcancía? No caigas en la trampa de pedir prestado contra el valor de tu casa para hacerle arreglos o consolidar deudas, sin importar cuán buenos se vean los números.

Mal hábito 7: ¿Vives de pago en pago? Como dice Dave Ramsey, cuando no tienes ahorros, ¡Murphy se mudará a tu habitación de invitados! Ten ventas desde tu garaje, reparte pizzas, haz lo que sea necesario para apartar un fondo de emergencia y ahorrar algún dinero de cada pago.

Mal hábito 8: ¿Tienes actualmente ingresos pero no ahorras para la jubilación? Crea un presupuesto con el que puedas vivir del ochenta por ciento de tu salario neto, y guarda el veinte por ciento que queda para ahorrar y dar.

Mal hábito 9: ¿Tienes una deuda financiera aparte de la hipoteca de tu casa y no tienes una estrategia escrita para salir de la deuda? ¿Qué tan diferente sería tu vida si no tuvieras ninguna deuda? ¿Dormirías mejor? ¿Tendrías más tranquilidad? ¿Tu sueño se haría realidad antes? Tienes la opción de hacer que esto suceda lo antes posible. ¿Cuál es tu plan?

Mal hábito 10: ¿No hiciste la matemática antes de pedir un préstamo para estudiantes? Los préstamos para estudiantes son fáciles de obtener y casi nunca tienen sentido para las finanzas. Puede que sea un sacrificio mantenerse solvente durante los años universitarios, ¿pero puedes justificar una deuda de cincuenta mil dólares para un trabajo de cuarenta mil al año?

Mal hábito 11: ¿Vives sin un presupuesto escrito? El dinero desaparecerá casi al instante si no sabes a quién le pertenece y se hace amigo de tus tarjetas de crédito. Recuerda, un presupuesto hará que tus sueños se hagan realidad con más rapidez.

Mal hábito 12: ¿Vives con la esperanza de que nada irá mal solo porque no tienes ahorros para emergencias? No dejes que el arreglo del auto o un viaje al salón de urgencias arruinen tu vida. Ten algún dinero disponible, mil dólares como mínimo. Lo ideal es de tres a seis meses de gastos.

Mal hábito 13: ¿Serviste de garante para un préstamo sin comprender que estás obligado a pagar el préstamo si la otra persona no pueda pagar? El banco quiere que firmes porque sabe que quizá el prestatario no pueda pagar, lo cual significa que te corresponde pagar a ti. (Los bancos son listos y tienen mucha experiencia, así que si no le prestan dinero a alguien, ¿por qué has de hacerlo tú?).

Mal hábito 14: ¿Tienes la deuda de tu automóvil? ¿Te impide el pago del auto lograr que alcances las demás metas financieras lo antes posible? ¿Qué pasaría si usaras el pago del auto y lo aplicaras a tus sueños y tus grandes metas? ¿Con cuánta más rapidez lograrías tu casa? ¿Tu jubilación, etc.?

Mal hábito 15: ¿Tienes hijos menores de edad y no tienes testamento? Si no tienes un testamento, haz uno ya. Vivir para ganar es una decisión, y pocas cosas evitan más problemas y les dicen a nuestros hijos que los amamos que prepararlos para el futuro en caso de una tragedia.

Mal hábito 16: ¿Tienes hijos menores de edad y no tienes un seguro de vida adecuado? Para la gran mayoría de las personas, el seguro de vida es muy asequible y ayudará a tu familia si algo te sucede. Diez veces tu ingreso anual es una buena regla general y les permitirá a tus hijos tener el mismo nivel de vida, y les posibilitará ir a la universidad si el dinero se invierte con sabiduría.

Mal hábito 17: ¿No tienes seguro por discapacidad a largo plazo? Las estadísticas dicen que tienes una probabilidad de uno en tres de necesitar seguro por invalidez a largo plazo, así que prepárate.

Mal hábito 18: ¿Vives semana a semana sin un plan financiero para tu futuro? El mal hábito 1a fue por no tener un *por qué* ni un gran sueño. Ahora necesitas un plan financiero para hacer realidad tu sueño y tu *por qué.* Ganar en las finanzas comienza con una decisión seguida de una acción.

Lo lamentable es que me parece que la mayoría de la gente no toma en serio su futuro financiero hasta que está en medio de una crisis o enfrenta un desastre. Viven de semana a semana con deudas de tarjetas de crédito, una hipoteca, préstamos a estudiantes, mensualidades por el auto, no tienen cuenta de ahorros ni presupuesto, y entonces sucede el desastre. ¿Algunos de estos desastres te son conocidos?

- Pérdida de empleo
- Gastos médicos inesperados
- Estancamiento de la economía
- Accidente automovilístico

Ahora la vida se pone seria. La diversión sale por la ventana. No pagamos las mensualidades, el teléfono comienza a sonar y, antes de darte cuenta, te embargan el auto y ni siquiera puedes llegar al trabajo a tiempo parcial que tomaste cuando perdiste tu buen empleo. Si no te ha pasado, apuesto a que conoces a alguien a quien le ha pasado. No es agradable.

Cuando estás en una crisis financiera y no tienes a quién acudir, de repente aprendes la diferencia entre necesidades y deseos. Aprendes sobre presupuestos y te enfocas con precisión en las prioridades.

MI PROPIO DESASTRE CON *D* MAYÚSCULA

En 1998, se me ocurrió lo que me pareció una idea brillante. Tenía treinta y tres años y llevaba unos tres como presidente de Ziglar. Se me ocurrió comenzar una nueva empresa bajo la marca de Ziglar. Papá tenía muchos seguidores en los círculos de mercadeo en redes y creía que podríamos hacer crecer de manera significativa nuestra empresa y nuestro alcance si comenzábamos nuestra propia compañía de mercadeo en redes para difundir la filosofía y los productos de Ziglar.

Le llevé la idea a papá y a él le encantó, y la apoyó cien por ciento. Ahora era mi trabajo crear la estrategia y lanzar la nueva empresa. Gastamos todo lo que fue necesario, e invertimos más de doscientos cincuenta mil dólares en asesores de la industria. Todos nos dijeron que sería un gran éxito. Solo un experto nos aconsejó que fuéramos cautelosos y continuáramos haciendo lo que ya sabíamos hacer. El resto pensó que nuestro mayor riesgo sería no poder escalar con suficiente rapidez. Yo me enamoré de los números y decidí ir con todo. Invertimos en espacio adicional de oficinas, toneladas de inventario y un programa de computadoras diseñado para nosotros, a fin de controlar los pedidos y las comisiones. Empleamos más personas, y la lista sigue y sigue.

La lanzamos en 1999 y la cerramos menos de un año después con una deuda de *dos millones quinientos mil dólares*. Por muchos meses me fui a la cama con este pensamiento: *Le llevó a papá toda una vida construir su reputación, y yo la he destruido en menos de un año*. Pensé que sería el fin del mundo.

Durante todo ese tiempo, papá nunca titubeó ni se preocupó. Una y otra vez me dijo que todo saldría bien. Él lo creyó, pero yo no. En mi mente era un fracaso con *F* mayúscula. Mi familia me apoyó. Hasta me apoyaron los tres mil distribuidores a quienes tuve que decirles que íbamos a cerrar. Unos pocos estaban enojados, y con razón. Yo estaba enojado y había perdido dinero, como muchos de ellos. Fueron días oscuros.

Por meses iba a la oficina, cerraba la puerta y contestaba las llamadas de la gente a quienes les debía dinero. Nada divertido. Tuve el honor de no recibir un salario y los ahorros personales comenzaron a usarse para cosas como alimentos y pagos de autos.

Entonces, Dios hizo lo que hace Él. Personas como Larry Carpenter dieron un paso al frente y nos ayudaron con nuestras necesidades más apremiantes. El Dr. Clifton Jolley, el asesor que nos aconsejó «que fuéramos cautelosos y continuáramos haciendo lo que ya sabíamos hacer», nos ayudó a hacer un negocio con Nikken, una de las principales empresas de mercadeo en el mundo. Papá se convirtió en el portavoz de Nikken y con ellos encontramos una sede para nuestros distribuidores también.

El acuerdo de portavoz fue grande (un millón de dólares por cinco años) y Nikken acordó pagarlo por adelantado. El cheque de Nikken llegó la misma semana que recibí una llamada del banco. Papá había garantizado personalmente los préstamos con sus cuentas de jubilación. La reciente caída del mercado y las cuentas no eran lo bastante grandes para que el banco se sintiera seguro, y estaban exigiendo que papá les pagara un millón de dólares en caso de que los mercados siguieran decayendo. Cuando pienso en estos tiempos de mi vida, veo la mano de Dios de muchas maneras. Tomé muchas malas decisiones en los negocios, y aun así Dios proveyó justo lo que necesitábamos cuando lo necesitamos. Pensé que el acuerdo con Nikken nos daría un respiro para volver a poner en marcha nuestro negocio principal. En cambio, literalmente salvó el futuro financiero de mi padre.

Todavía teníamos presión, pero en un solo movimiento borramos un millón de dólares en deudas con el pago de Nikken. Cada día se convirtió en la rutina de tomar una pequeña buena decisión empresarial tras otra. Yo todavía me acusaba con regularidad. Recuerdo una conversación cándida con mi mejor amigo, que caminó conmigo a través de todo esto. Un día, de regreso a casa, recibo una llamada de Bruce. Me peguntó cómo estaba, y fui directo con él:

—Nada bien.

La presión era inmensa, y estaba haciendo todo lo posible por salvar la reputación de papá y salir de las deudas. Lo que Bruce me dijo cambió mi vida:

—Tom, ¿has hecho hoy todo lo que dentro de todas tus posibilidades pudiste hacer para resolver el problema de la empresa?

Le contesté que sí. Había contestado todas esas llamadas difíciles, había sido sincero y hecho todo lo posible, como los pasos de un bebé, uno tras otro. Entonces Bruce me dijo:

—Tom, cuando llegues a tu casa, déjalo todo afuera. Has hecho todo lo que Dios espera de ti. Le has dado el cien por ciento y has tomado buenas decisiones todo el día. Duerme bien esta noche sabiendo que hiciste todo lo mejor que pudiste. Mañana, cuando te levantes, haz lo mismo. Día tras día, decisión tras decisión. Dios lo sabe, y Él te tiene en sus manos.

Cada vez que la presión se amontonaba, traía a mi mente las palabras de Bruce. Cada vez que actualizaba a mi padre, su respuesta siempre era la misma: «Sigue adelante, hijo. Buen trabajo. Todo va a salir bien. Dios tiene grandes planes para nosotros». Mi familia, mis amigos y mi Dios estaban todos detrás de mí. Aún tenía que sentarme en el fuego que encendí yo mismo, pero el glaseado que creó se ve bastante bien ahora.

Mi desastre cambió toda mi perspectiva acerca de las finanzas, tanto en el negocio como en casa. Probé la realidad de la deuda enorme. Entendí los presupuestos, los riesgos, el flujo de caja y las oportunidades perdidas a causa de malas decisiones en el negocio. Y en cuanto a los expertos en finanzas, mi oído también mejoró en gran medida. Me convertí en fanático de Dave Ramsey y comencé a aplicar sus enseñanzas a la empresa. ¡Cielos! ¡Qué diferencia!

Y papá tenía razón. Todo salió bien. Pagamos la deuda. Mantuvimos la reputación. Muchos de nuestros proveedores trabajaron con nosotros. Querían vernos ganar. Me resulta difícil creer que eso fue hace veinte años atrás. Parece que fue ayer.

Aquí tienes lo que aprendí...

- Si hubiera escuchado a Clifton, no nos hubiéramos endeudado tanto.
- Si hubiera escuchado a Clifton, no hubiéramos arriesgado un gran negocio por un nuevo negocio.
- Si hubiera conocido a Dave Ramsey y le hubiera hecho caso, bueno, ¡la lista es demasiado larga para escribirla!

¿Qué me dices de ti? ¿Has tenido tu propio desastre financiero? ¿Te ayudó a poner en orden tus finanzas?

Me encanta este dicho:

Los necios nunca aprenden de sus errores.
La gente normal aprende de sus propios errores.
Los sabios aprenden de los errores de otros.

Te recomiendo que aprendas de mis errores. Sé sabio, ¡duele mucho menos!

BUENOS HÁBITOS FINANCIEROS

Si eres admirador de Dave Ramsey, estoy seguro de que puedes ver su influencia en mí. Ya abarcamos los malos hábitos que tiene mucha gente, y ahora quisiera mostrarte lo que creo que son los buenos hábitos que necesitas para construir una fundación sólida y salir de deudas.

Buen hábito 1: Pon en tu mente una sólida sabiduría financiera. Escucha, lee y déjate guiar por expertos financieros con una larga trayectoria de éxito.

Buen hábito 2: Aclara tu gran *por qué*, tus sueños y tus metas, y escríbelos en detalle. Además, incluye un plan financiero para alcanzarlos.

Buen hábito 3: Haz un presupuesto y revísalo todas las semanas hasta que se convierta en algo natural.

Buen hábito 4: Toma el control de tu dinero paso a paso. ¡Deja de cavar el hoyo! ¡Deja de cavar! Una vez que tengas el presupuesto, haz lo posible por establecer un fondo de emergencia de mil dólares. No más deudas. Paga al contado por todo. Comienza a cancelar las deudas que ya tienes, comenzando con la más pequeña, hasta que estés libre de ellas, excepto por tu casa, y luego comienza a ahorrar hasta que tengas para cubrir entre tres y seis meses de gastos. Ahora estás listo para empezar a ahorrar e invertir para tu jubilación. Si esto te parece conocido, ¡es porque lo he escuchado de Dave Ramsey por lo menos mil veces!

Buen hábito 5: Enfócate en la solución, no en el problema. Uno de los retos de los problemas financieros es el sentimiento de desesperación cuando parece que cualquier cosa que hagas no importa. Verse abrumado puede ser devastador. Recuerda, naciste para ganar, y puedes decidir ganar, pero comienza con tomar buenas, pequeñas y sólidas decisiones financieras. Identifica las soluciones y trabaja en ellas a diario, y progresarás. Nota: identificar el problema no es negativo; solo lo es si todo tu enfoque está en el problema.

Mi historia con Dave Ramsey

Al salir de mi propio desastre financiero, estaba deseoso de aprender buenos y sólidos principios de financieros. Los libros, pódcasts y seminarios de Dave Ramsey me han ayudado mucho. Una de las cosas que Dave enseña es que siempre debes pagar al contado en vez de alquilar o pagar a crédito. En realidad, no entendí ese concepto hasta que yo mismo vi los números.

Hace años, nuestro gerente de oficina vino con buenas noticias. El contrato de alquiler de la fotocopiadora había caducado y podíamos alquilar una mejor, nueva, por menos dinero. Los pagos por el alquiler irían de mil doscientos dólares al mes a mil. El «radar de Dave» se me encendió.

—¿Por cuánto tiempo es el contrato de alquiler? —le pregunté.

—Treinta y nueve meses.

—Treinta y nueve mil dólares me parece demasiada fotocopiadora —le dije.

—Sí, pero incluye todo el costo de servicio de mantenimiento, y sabes con qué frecuencia se rompen las fotocopiadoras. Además, al final del contrato podemos comprarles la fotocopiadora por solo cuatro mil dólares.

—Tengo curiosidad, ¿cuál es la fotocopiadora? ¿Me puedes dar la marca y el número exacto del modelo?

Fui al internet y en menos de un minuto conseguí una fotocopiadora que podía comprar al contado por menos de trece mil dólares, y era de nuestra propiedad.

—¡Mira! Podemos pagarla al contado y ahorrarnos veintiséis mil dólares. Hagamos eso —le dije.

—Bien, pero aún necesitamos saber cuánto costará el servicio y mantenimiento. Me apuesto a que es bastante.

Investigamos y conseguimos un contrato de mantenimiento y servicio total por, escucha bien, ¡ciento diez dólares mensuales!

Veintiséis mil dólares es demasiado dinero. Si hubiera hecho lo que siempre hacíamos, hubiera firmado un nuevo contrato de alquiler, y todo ese dinero estuviera perdido. Mi desastre me convenció que debía buscar la información adecuada, y esto cambió mi modo de pensar. Un hábito sencillo y pequeño (comprar en lugar de alquilar) produjo grandes ahorros. Por cierto, ocho años después, ¡esa fotocopiadora todavía funciona de maravilla!

¡SUEÑA!

Es hora de enfocarte en tu sueño, sobre todo si te encuentras en medio de un desastre. Sí, puede ser difícil enfocarse en los sueños cuando no sabes de dónde vendrá la próxima mensualidad del auto, pero los sueños te dan el combustible para hoy y te recuerdan que vale la pena el sacrificio. ¿Por qué? Porque cuando tienes un sueño perenne que dirige todas tus decisiones financieras, tienes todos los beneficios y nada del dolor cuando aplicas la sabiduría, y tu esperanza comienza a volar.

> La esperanza que crea tu sueño te servirá de impulso para superar el desastre.

Salir de un desastre suele ser una tarea ardua y se toma una decisión tras otra. No obstante, incluso si es una tarea difícil, aun puedes decidir tu actitud a medida que creces a través de esta. Cuando comprendes que los pasos que das para salir de la crisis te acercan más a tu sueño, ¡cada paso se hace más fácil de dar! Si no tienes esperanza, ni un sueño, ni el deseo de una vida mejor, no es muy probable que trates de mejorar.

> «La razón número uno por la que la gente no alcanza sus objetivos es que cambian lo que más quieren por lo que quieren ahora».
> ZIG ZIGLAR

Tienes que tomar una decisión ahora mismo. ¿Vas a planificar tu vida financiera a propósito en el contexto de tu sueño, en el contexto de todo lo que quieres ser, hacer y tener? ¿O vas a dejar que tu vida financiera solo «suceda» y esperar lo mejor?

Hay demasiado en juego cuando no decides administrar tus finanzas de manera intencional:

- Tu salud
- Tu matrimonio
- Tu reputación
- Tu libertad

¡Realiza el sueño, no el desastre!

¡Soñemos un poco! Responde las siguientes preguntas:

- Si el dinero no fuera obstáculo, ¿qué harías?
- Si pudieras viajar a cualquier parte del mundo, ¿a dónde irías?
- Imagínate vivir en la casa de tus sueños. ¿Qué estilo de casa? ¿Dónde está? ¿Qué es lo que la hace única?
- Si pudieras bendecir a alguien, o alguna organización caritativa, ¿quién o cuál sería? ¿Qué les darías, y cuánto les ayudaría?

¿Estás preparado para comenzar a trabajar en tu sueño? Aquí tienes cuatro claves que puedes usar para comenzar a identificar y crear tus sueños ahora mismo.

1. Comienza antes de sentirte preparado.

   Saca el bolígrafo y escribe en tu diario los sueños que tienes. Está bien si no estás seguro; ¡la cosa es empezar! Después puedes añadir un poco más.
2. Divide los grandes sueños en pasos más pequeños.

   Ejemplo: Si tu sueño es tener la casa pagada y debes cien mil dólares por ella, empieza por dividirlo en pasos más pequeños. ¿Cuánto puedes pagar de más cada mes? ¿Cómo puedes ganar o ahorrar un poco más?

3. Siéntete cómodo con estar incómodo.

   ¡No sabes lo que no sabes! Repasa el proceso de establecimiento de metas de siete pasos en el capítulo 3 y comienza a identificar las cosas que necesitas aprender o hacer para lograr tu sueño. Un gran sueño debe hacerte sentir incómodo. Acéptalo y avanza hacia él.
4. Habla y visualiza el sueño hasta que cobre vida.

   Haz una película mental donde te veas en medio del sueño. Escribe en tu diario el sueño por el que quieres trabajar; escríbelo con letras grandes y en negritas.

   Ahora escribe la descripción de la escena de la película en la que estás en medio de tu sueño: con muchos detalles, y muchas palabras emocionales y sensoriales.

   Ejemplo: Si tu sueño es ser dueño de tu casa, escribe el libreto de una escena donde te veas en tu casa caminando de habitación a habitación. Incluye todos los sentidos: lo que ves, lo que hueles, lo que sientes, lo que oyes y lo que gustas.

....

«Si apuntas a la nada, acertarás siempre».

ZIG ZIGLAR

....

Cuando ves en claro tus sueños, todo lo que quieres ser, hacer y tener, mantener un buen plan financiero es mucho más fácil. Decidir ganar financieramente es solo sustituir los malos hábitos financieros con otros buenos.

La manera más rápida de tener éxito es sustituir los malos hábitos por los buenos.

Saca tu bolígrafo, ¡es hora de pasar a la acción!

TRES PREGUNTAS PARA LOGRAR LA TRANSFORMACIÓN

Escribe en tu diario las respuestas a las siguientes preguntas. La claridad te ayuda a tomar las decisiones adecuadas y a emprender las acciones apropiadas.

1. ¿Cuáles son los deseos, sueños y metas para mi vida financiera? (Deseo)
2. ¿Cómo será mejor mi vida en el área financiera cuando aprenda las habilidades y la disciplina para tomar buenas decisiones financieras a corto y largo plazo basadas en mis sueños y no en la necesidad de una gratificación instantánea? (Esperanza)
3. ¿Cómo puedo aplicar la determinación a mis dones, talentos, habilidades y experiencias en la esfera financiera de mi vida? (Determinación)

¡Ahora es el momento de desarrollar la estrategia y pasar a la acción!

Primer paso: Identifica tus malos hábitos financieros

¿Qué malos hábitos te impiden construir la vida de tus sueños financieros? ¿La falta de objetivos, educación y conocimientos financieros, combinada con una mala mentalidad financiera, da lugar a una baja autodisciplina financiera que te impide alcanzar tus deseos, sueños y metas?

Escríbelos en tu diario y sé específico.

Segundo paso: Identifica los buenos hábitos financieros que necesitas

¿Qué información puedes poner a propósito en tu mente, y qué acciones puedes llevar a cabo que fortalecerán las habilidades, actitudes y creencias financieras que deseas desarrollar y que te permitirán alcanzar tus deseos, sueños y metas con más rapidez (por ejemplo, educación, cursos en línea, relaciones positivas como mentores o entrenadores, libros, pódcasts, diálogo interno y otras acciones que puedas tomar)?

Escríbelos en tu diario y sé específico.

Tercer paso: Decide sustituir un mal hábito financiero con uno bueno

Escoge un mal hábito que quieras sustituir con uno bueno. Comienza con algo pequeño y desarróllalo. ¡La clave es comenzar y perseverar! Cada semana básate en el mismo cambio de la semana anterior y sustituye otro mal hábito con uno bueno.

Ejemplo: En el ámbito financiero de tu vida, identifica los malos hábitos de no tener metas financieras a largo plazo y de no tener un presupuesto o una estrategia para alcanzar tus objetivos. Vivir de cheque en cheque y preguntarse si alguna vez podrás jubilarte o hacerle frente a una emergencia financiera ha hecho que cualquier cambio en el ***statu quo*** sea una gran carga. Tú decides que quieres desarrollar las habilidades financieras y las creencias necesarias para tomar el control de tu vida financiera, ¡a fin de poder hacer lo que quieras, cuando quieras y con quien quieras!

Mal hábito financiero: no tener una meta financiera, un presupuesto ni un plan definido con claridad.

Buen hábito financiero: trabajar cada día hacia mi meta financiera utilizando un presupuesto y un plan.

Aquí tienes cuatro ejemplos de cómo tomar pequeñas decisiones que transformarán tu vida.

Primer ejemplo: Utiliza el sistema de establecimiento de metas Ziglar en el apéndice (p. 240), a fin de crear tus objetivos financieros a un año, cinco años y diez años. Trabaja en tus metas financieras y haz una exploración de las mismas en el planificador de desempeño Ziglar a diario durante sesenta y seis días, y luego tan a menudo como sea necesario para asegurarte de que te mantienes en el camino.

Segundo ejemplo: Crea un presupuesto personal que revises con tu cónyuge (si estás casado) y respétalo. Utiliza un poderoso recurso de elaboración de presupuestos como el de www.everydollar.com y realiza una búsqueda de cada centavo que gastas a medida que avanzas hacia el logro de tus metas financieras.

Tercer ejemplo: Elige educarte en las habilidades y creencias necesarias para lograr la libertad financiera. Lee o escucha a expertos financieros quince minutos al día durante sesenta y seis días hasta que adquieras habilidades, y tus creencias sobre las finanzas te permitan alcanzar tus deseos y sueños financieros.

Cuarto ejemplo: «Mueve la aguja» a corto plazo y ten un gran impacto en tu comportamiento y posición financiera.

Crea un plan de noventa días para reducir todos los gastos, haz una venta de garaje, trabaja para obtener ingresos adicionales, a fin de pagar la mayor cantidad de deuda posible, y crea un fondo de emergencia en efectivo.

¡Decide ganar! Es hora de actuar. Escribe en tu diario lo que harás a propósito.

- Los malos hábitos financieros que quieres desechar
- Los buenos hábitos financieros que quieres llevar a la práctica
- Un plan de acción diario para implementar por lo menos un buen hábito financiero

Esto quizá no parezca mucho, pues solo lleva unos minutos al día poner en práctica una buena decisión financiera pequeña, pero cuando le añades esto a cada semana, ¡sin darte cuenta tu vida cambiará por completo!

¿Puedes sentirlo? La esperanza aumenta debido a que empiezas a tener claro hacia dónde quieres ir, y has identificado las decisiones que necesitas tomar para llegar allí. Tu globo está comenzando a tomar vuelo y a ganar algo de altitud, y parece que estás creando un poco de dinero extra para gastar cuando llegues a tu destino.

Capítulo 10

PERSONAL

Decide usar tu tiempo y energía con sabiduría

> **SEXTA DECISIÓN:** Tomar tiempo *personal* nos da la energía creativa que necesitamos para sobresalir en todo lo que decidimos ser y hacer.

ES ALGO PERSONAL

¿Alguna vez te has sentido agotado? ¿Sobrecargado? ¿Sin combustible? Una de las claves para crear el futuro que deseas es tener la energía que necesitas, el combustible en tu tanque, a fin de enfrentar los desafíos de la vida y alcanzar tus metas al mismo tiempo. Una de las preguntas más comunes que recibo es: «Tom, ¿cómo me mantengo motivado?». ¡Este es un gran desafío! Una de las pruebas de que se trata de un problema universal es que la serie de audios de Zig Ziglar más vendida de todos los tiempos en www.ziglar.com se titula «Cómo mantenerse motivado».

La clave del éxito es estar y mantenerse motivado. No importa tu disposición natural (casi siempre positiva o escéptica, extravertida o introvertida), un poco de motivación te permite hacer más y ser más creativo en el proceso.

Buenas noticias: todos podemos tomar tiempo personal y crear los hábitos que nos dan energía y una perspectiva más positivas.

Noticias más mejores: sé que *más mejores* no es correcto en español, pero cada vez que lo digo me hace sonreír. Gracias a mi amigo Matt Rush por esta frase *más mejor* que me da energía. Cuando elegimos crear hábitos que nos dan energía personal, estos multiplican todos los demás hábitos que estamos creando.

Sí, lo que papá dijo es cierto «Una actitud positiva siempre sobrepasará a una actitud negativa».

Tengo una pregunta para ti: ¿Te consideras una persona razonablemente inteligente con cierto grado de sentido común? De acuerdo, esa fue una pregunta fácil, por supuesto que esto te describe. Después de todo, ¡estás leyendo este libro!

Ahora que estamos de acuerdo en que eres inteligente, una de las características de la gente inteligente es que entiende la importancia de una actitud positiva y de crear hábitos que le dé energía y la habilidad de mantenerse positiva, aun cuando la vida se le haga difícil.

La actitud es un reflejo del carácter, y
el carácter es un reflejo del hábito.

Para abordar los desafíos de la vida se requiere energía creativa positiva, y la energía creativa positiva requiere los hábitos adecuados. Debemos tener hábitos que nos alimenten y nos reabastezcan a diario para que cuando la vida nos derribe, estemos preparados.

Aquí tienes veinte opciones y hábitos que te darán energía, y te permitirán lograr más y disfrutar más la vida. Estos hábitos no son «egoístas». Es más, son todo lo contrario, pues si trabajas en algunos de ellos con regularidad, te darán la energía y la creatividad que necesitas para resolver los problemas de más personas, y cuando resuelves los problemas de otros, haces del mundo un mejor lugar.

1. Decide cuidar te ti mismo

Es imposible dar algo que no se tiene. Deja que ese pensamiento se asimile por un momento. Mucha gente, incluso yo, cae en la trampa de ayudar a otros sin siquiera tomar tiempo para cuidar de sí misma. Para dar ánimo a otros, debes tener una fuente de ánimo. Para dar tu energía a otros, debes tener energía para dar. Decidir cuidar de ti mismo es una actitud mental y una de las decisiones más poderosas que puedas tomar.

Como seguidor de Cristo, creo que Dios me dará la energía para ayudar a otros cuando más lo necesite. También creo que Dios espera que yo cuide de mí mismo para poder servir a sus otros hijos. El primer paso para cuidar de ti mismo es hacerlo una prioridad.

2. Desarrolla la habitud de la gratitud

¡Qué tremenda frase! La habitud de la gratitud.

Vamos a desglosarlo. Créelo o no, *habitud* es una palabra que existe, aunque en desuso. Significa hábito o costumbre. La gratitud es un sentimiento de agradecimiento. Habitud de gratitud es otra forma de decir que vivimos en un constante estado de agradecimiento en lugar de ser malagradecidos, críticos e ingratos.

....

«La gratitud es la más saludable de todas las emociones humanas».

HANS SELYE, COMO LO CITARA ZIG ZIGLAR

....

Está claro: la gratitud es una actitud, y debemos hacer de la gratitud un hábito. Uno de los hábitos en los que me concentro un par de veces al año es lo que llamo los sesenta y seis días de gratitud. Funciona así: Cada día, durante sesenta y seis días, escribo tres cosas por las que estoy agradecido, sin repetir nada que ya esté en mi lista. Al final de los sesenta y seis días he anotado 198 cosas. ¡Esa es una lista larga!

Hago esto durante sesenta y seis días porque ese es el tiempo que lleva de veras consolidar un hábito, según Gary Keller en *Solo una cosa*. El hábito que estoy creando no es el de escribir tres cosas todos los días, ese es solo el proceso. Quiero el hábito de siempre buscar algo por lo cual estar agradecido. Enfocarme en esto por sesenta y seis días capacita a mi cerebro a buscar lo bueno y dar gracias por las cosas más pequeñas.

Mi padre me enseñó mucho acerca de la gratitud. Nunca olvidaré su lección más poderosa en este asunto. Fue como un año antes de fallecer, y yo lo recogí temprano un lunes por la mañana para llevarlo a la oficina para el devocional de la compañía. Papá ya venía luchando con la pérdida de la memoria a corto plazo y el alzhéimer. De camino a la oficina, recuerdo que lo miré y pensé en lo injusto que era que este gran hombre que influyó en tantas vidas tuviera que pasar por esto. En ese momento, papá sonrió, golpeó el salpicadero un par de veces y me dijo: «Hijo, cuando pienso en mi vida y todo lo que Dios ha hecho por mí, mi cubo de gratitud se desborda. ¡Tengo tanto por qué dar gracias!».

Aun en el tiempo más difícil de su vida, papá me hablaba de su posición, no de su condición. Papá siempre estuvo muy agradecido de ser hijo del Rey y todos los días reconocía las bendiciones que le había dado Dios. ¿Fue esa la primera vez que le escuché expresar su gratitud? No, lo escuché cientos de veces antes. Y como había desarrollado una habitud de gratitud, podía estar agradecido aun en las circunstancias más difíciles.

3. Aprende con intención algo que puedas enseñar y que ayude a otro

Una forma de ganar energía es aprender algo nuevo que te sirva de beneficio. Una mejor manera es aprender algo nuevo con la intención de enseñárselos a otros, de modo que puedan crecer. Hay poder y energía cuando tu enfoque se dirige a ayudar a otros. Ayudar a otros a crecer te acerca más a la zona de significado, y no hay mayor gozo que ayudar a otros a ser, hacer o tener más de lo que pensaron que fuera posible.

Proverbios 11:25 lo resume a la perfección: «El alma generosa será prosperada, y el que riega será también regado».

«El que riega será también regado». Por más de cuarenta años, papá invirtió un promedio de tres horas al día aprendiendo, leyendo y estudiando principios transformadores y conceptos para poder enseñárselo a otros. En el proceso, fue regado, y ahora millones están sentados a la sombra de su legado.

4. Busca un pasatiempo

¿Qué pasatiempos disfrutas? ¿Golf? ¿Senderismo? ¿Tejer? ¿Jugar a los naipes? ¿Trabajar con las manos? Los pasatiempos nos dan energía, pues nos dan algo que anhelar y permiten que nuestra mente y nuestro espíritu descansen mientras hacemos algo que nos gusta. Esto reduce el estrés. Muchas veces la gente deja de hacer sus aficiones porque su tiempo es muy limitado y su estrés es muy alto. Si este es tu caso, lo que has dejado de hacer es precisamente lo que puede ayudarte a salir de tu ciclo de estrés y agobio.

5. Planifica tiempo para pensar

Planifica un tiempo cada día para pensar. Haz una lista de cosas que requieran reflexión y añádelas a medida que se te ocurran. Aparta de cinco a diez minutos todos los días para pensar en esas cosas que son importantes y visualiza el resultado que quieres. Esto crea un espacio en tu cerebro cuando surge una buena idea; en lugar de perder la concentración en el proyecto que tienes entre manos tomándote unas vacaciones mentales, puedes recordar que tienes programado tu tiempo para pensar y que te ocuparás de esto en ese momento.

6. Planifica preocuparte

¿Te distraes a veces porque te salta a la mente una preocupación que no puedes dejar? Planear preocuparte es una buena estrategia si a menudo lidias con interrupciones mentales relacionadas con la preocupación. Si ese es tu caso, prueba esto: Planifica una hora específica cada día para preocuparte; digamos de 10:00 a 10:10. Entonces, cuando una preocupación te venga a la mente, di: *De acuerdo, ya sé. Me preocuparé a las diez.*

Al hacer esto, le dices al cerebro que vas a lidiar con eso a una hora específica, y esto le da libertad para pensar en la próxima cosa productiva. Lo mejor de este hábito es que cuando llegan las diez, y revisas por lo que te tienes que preocupar, se te habrá olvidado la mitad y la mayoría de la otra mitad se habrá resuelto sola. Ahora puedes hacer un plan para lidiar con las preocupaciones que necesitan acción. Las que no puedas resolver tú, solo entrégaselas a Dios.

7. Planifica por adelantado cómo responderás a las molestias de la vida

Uno de los mejores hábitos que puedes crear y decisiones que puedes tomar es determinar por adelantado cómo te enfrentarás a la vida cuando las cosas te van mal, sobre todo en las que sabes que pasarán a la larga. Por ejemplo, si viajas en avión a menudo, sabes que el día vendrá cuando el vuelo se retrase o cancele por el clima, o porque el avión esté roto. Aquí tienes un sencillo plan que puedes usar para responder en vez de reaccionar cuando esto suceda.

- Cuando recibes la noticia de que el vuelo se canceló o retrasó, di en voz alta: «¡Fantástico!». Esta es la palabra clave que muestra que lo tienes bajo control. ¿Por qué? Porque planificaste tu respuesta por adelantado.
- Descansa en el hecho de que tienes todo en tus manos para ser productivo: el teléfono, la computadora, un buen libro para leer y un hermoso aeropuerto desde donde trabajar.
- Decide por adelantado que, después de todo, estarás libre de estrés, pues no puedes controlar las aerolíneas ni

el clima. Ahora bien, tu responsabilidad solo es utilizar al máximo el tiempo de espera por el próximo vuelo y encontrar la mejor opción para llegar al lugar que vas.

- Ten a mano los teléfonos de servicio al cliente de la aerolínea para llamarlos de inmediato y conocer tus opciones. Harás la llamada mientras estás en la cola del aeropuerto con todo el que recibió la misma noticia.

Esta estrategia da resultado con cualquier «molestia». Responde verbalmente de manera positiva, recuerda que tienes todo lo que se necesita para ser productivo, niégate a estresarte por cosas que están fuera de tu control, y sabe a quién llamar para pedirle ayuda.

Nuestros buenos amigos Jill y Jay Hellwig estaban de vacaciones en familia cuando su auto se averió en medio de la nada durante un fin de semana. Esto significó que se quedaron atrapados durante tres días mientras les enviaban una pieza y que perderían su próximo destino, que tanto habían esperado. En ese entonces, tenían tres hijos y decidieron tratar este cambio de planes como una aventura y una experiencia de aprendizaje. Reunieron a los niños y les presentaron el nuevo plan que fue algo así: «Chicos, ya saben que el auto se rompió, y llevará varios días arreglarlo. ¡Esto es fantástico! Vamos en una aventura. Alquilaremos un auto por unos días y exploraremos todos los alrededores de aquí». Jill me dijo que fue una de las mejores vacaciones que tuvieron jamás, solo porque decidieron que sería fantástico.

8. Comienza bien tu día

Los ladrones de energía están por todas partes. Las «emergencias» vienen por mensajes de texto y por correo electrónico desde que abrimos los ojos por la mañana. Una de las mejores maneras de hacer que nuestras vidas sucedan con nuestros días, en lugar de que nuestros días sucedan con nuestras vidas, es planificar el tiempo al comienzo del día para crear energía y trazar el día. Uno de los hábitos más poderosos que puedes formar es comenzar tu día con estos tres ingredientes vitales: oración, aportación positiva y planificación. Incluso si solo te tomas cinco minutos en total para hacer las tres cosas, será la mejor inversión de cinco minutos de tu día. En el capítulo 12, «El comienzo perfecto», entro en detalles sobre esto.

9. Escribe notas de «me gusta porque» y haz una lista de victorias

Primero recibes el correo electrónico. Después, recibes el mensaje de texto. A continuación, suena el teléfono. De repente, una serie de contratiempos te hace perder la calma y tu motivación. Una buena manera de restaurar la energía es revisar los triunfos pasados y las palabras bondadosas que otros dijeron de ti. ¿Tienes una lista de victorias? Si no, comienza una. Revisa metas pasadas que has logrado y los logros que has tenido. Anótalos en la lista de victorias y continúa añadiéndole. Ten la lista de victorias a mano para revisarla esos días cuando necesitas un examen mental.

El «me gusta porque» es otro concepto de Ziglar que llevamos enseñando a empresas y particulares desde hace más de cuarenta años. El «me gusta porque» es solo una nota que reconoce algo bueno que hizo alguien. La idea es sencilla. Cada vez que sorprendes a alguien haciendo algo bueno, le escribes una nota de «me gusta porque». Por ejemplo:

> Me gusta Julie porque siempre nota las cosas pequeñas que hacen otros, y esto les da ánimo y levanta el espíritu de todos en el lugar.

Te animo a que uses el «me gusta porque» en tu centro de trabajo y en tu casa. Cada vez que le escribes un cumplido sincero a alguien, le mejoras el día. Además, cuando guardas tus «me gusta» en una gaveta especial junto a tu lista de victorias, te da a ti la inyección de energía en el momento que la necesitas. Más de una vez he tenido un día difícil, y he sacado mis «me gusta» y he revisado las notas recibidas. Todos necesitamos que nos recuerden que tenemos lo que se necesita y que los demás nos aprecian.

10. Envía un poco de amor y aprecio por mensajes de texto

Esto lo aprendí de uno de mis mejores amigos, Bob Beaudine. Es más, Bob creó el «Viernes quién» de su libro *The Power of Who*[1]. Cada viernes, tomas unos minutos para llamar o enviarle un mensaje de texto a tus amistades, y les dices que las amas y aprecias. Cuando lo probé, descubrí algo poderoso: Me sentí animado y exhortado en el proceso. ¡La energía que daba no se comparaba a la energía que recibía! Ahora he decidido llamar o enviar un mensaje de texto todos los días a alguien que amo y aprecio, en especial cuando yo mismo me siento un poco desanimado.

Hazlo, pruébalo ahora mismo. Llama o envíale un mensaje de texto a un amigo, a tu cónyuge o a tu hijo, y diles que los amas, les aprecias y que piensas en ellos. Este es un hábito maravilloso que te transformará a ti y a los que amas, y crea más energía para todos.

11. Duerme

Como dijimos en el capítulo 7, el sueño es más importante para nuestra salud en general que la dieta o el ejercicio. Siete horas de sueño cada noche es para casi todo el mundo el requisito mínimo, y si tu nivel de estrés o la carga de trabajo es pesada, de seguro que debes hacer todo lo posible por tener tus siete horas. Vuelve a leer las sugerencias en el capítulo 7 para recordar los hábitos que debes procurar para dormir mejor. Junto con esas sugerencias, aquí tienes unas más:

Retrasa el compromiso. Nada te roba más energía que un compromiso adicional, sobre todo cuando ya estás exhausto. Haz lo que papá hizo. Papá diría: «Si necesitas una respuesta ahora mismo, es no, pero si me dejas pensarlo bien, te puedo contestar mañana». Revisa le petición al día siguiente cuando tengas tiempo y energía para considerarla.

Reinicio mental... ¡déjalo ya! Préstales atención a tus pensamientos y comprométete a dejar de hablarte con negatividad. Solo decir: «¡Déjalo ya!» puede ser un buen botón de reinicio. Mientras escribía este libro decidí perder unas cuantas libras más con una dieta muy baja en carbohidratos y enfocándome en alimentos sanos sin procesamientos ni químicos. A los diez días había perdido tres kilos y la ropa ya me quedaba mucho mejor, pero mi conversación conmigo mismo era negativa y protestona. Era como una fiesta de autocompasión. Aquí está lo que hice.

- Primero, me dije: «¡Déjalo ya!».
- Segundo, me senté en «un rincón» y tuve una conversación conmigo mismo.
- Tercero, me hice estas preguntas:
- «¿Has progresado en estos últimos diez días?». «Sí».
- «¿Te ha gustado todo lo que has comido?». «Sí».
- «¿Has sentido hambre?». «No».
- Cuarto, hice el reinicio mental y añadí esto a mi diálogo

interno, basado en un consejo del entrenador certificado del legado Ziglar, Steyn Rossouw: «Estoy cada día más en forma en todos los sentidos, y me encanta no tener hambre nunca y comer la comida que me gusta mientras pierdo peso».

12. Asegúrate de no andarte quejando

Nada te roba la energía como las quejas constantes.

13. Pinta una cerca

No hay nada como un proyecto con un principio y un final que te permita ver el impacto que estás teniendo. El trabajo de jardinería, pintar una cerca y limpiar el garaje son cosas en las que podemos ver nuestro impacto y, sin embargo, a menudo evitamos hacerlas. Ahora bien, cuando la presión aumenta y mi energía disminuye, busco un trabajo «rutinario» que me permita distraer mi mente mientras mis manos trabajan y se logran progresos. Es más, uno de mis proyectos más memorables fue pintar la cerca, no lo más rápido posible, sino lo más lento posible. Salía durante unas horas y pintaba una tabla a la vez. La actividad física, el tiempo para pensar y el progreso diario eran exactamente lo que necesitaba para ganar impulso y crear algo de energía, ¡y hacer feliz a mi esposa! ¿Qué proyecto simple puedes hacer como pintar una cerca? Anótalo en tu diario.

14. Pasea por el bosque

Una de las mejores maneras de aumentar la energía y la paz mental es pasar tiempo en la naturaleza. Una caminata por el bosque o un parque tiene numerosos beneficios, según un artículo publicado el 22 de abril de 2016 en la revista *Business Insider.* Citando numerosas investigaciones científicas, la lista de beneficios incluye:

Mejora de la memoria a corto plazo
Recuperación de la energía mental
Alivio del estrés
Reducción de la inflamación
Mejor visión
Mejora de la concentración
Pensamiento y creatividad más agudos
Posibles efectos anticancerígenos
Refuerzo del sistema inmunológico
Mejora de la salud mental
Reducción del riesgo de muerte prematura[2]

Invertir un poco de tiempo en la naturaleza hace maravillas para tu alma, mejora tu estado de ánimo, reduce el estrés, eleva tu concentración y mejora tu memoria a corto plazo. Todos estos beneficios te dan energía y mejoran tu creatividad.

15. Haz pausas cortas para hacer ejercicio

¿Qué tan sedentario es tu estilo de vida? ¿Te encuentras atrapado en un escritorio la mayor parte del tiempo, con muy poco movimiento, excepto el de tus dedos en el teclado? Por lo general, este estilo de vida nos drena toda la energía y la vida. Si tu meta es vivir mejor, tener mejor salud, y ser más productivo y creativo en tu trabajo y tus relaciones, las pausas cortas durante el día para hacer ejercicio te darán el impulso de energía que buscas.

Estas pausas no tienen que ser largas ni intensas. Lo principal es ponerte de pie, moverte y hacer que la sangre fluya, los músculos se estiren y los pulmones se expandan. Pon una alarma en el reloj que te haga levantarte y moverte cada sesenta o noventa minutos al menos cuatro veces al día. Añade una caminata de tres minutos o un par de tramos de escaleras a tu descanso para ir al baño.

16. Sueña despierto de manera intencional

Pienso que el momento oportuno para soñar es con los ojos bien abiertos. Crear la vida *Decide ganar* consiste en «ver» la vida que quieres y, luego, elegir los hábitos que crearán esa vida. Uno de los recursos más poderosos que tienes es la capacidad de crear el futuro que deseas usando uno de los dones más poderosos de Dios: tu imaginación.

Prueba esto ahora mismo. Imagina que dentro de un año todo en tu vida va exactamente como lo deseas. Piensa en tu salud, tus relaciones, tus finanzas, tu carrera, tu tiempo libre y tus pasatiempos. Piensa en dónde estás, con quién estás y qué estás haciendo. En tu mente todo es posible. Disfruta ese momento. ¿Cómo se siente? Crear ese futuro dependerá de las elecciones que tomes y de los hábitos que desarrolles.

Mi tío, Bernie Lofchick, que fue el mejor amigo de mi padre, me dijo esto:

....

«La nación más poderosa del mundo es la imagiNACIÓN. La nación más débil del mundo es la procrastiNACIÓN».

....

Adelante. Sueña despierto. Hazlo ahora.

17. Aprende una palabra al día

La creatividad te da energía, y la energía te da creatividad. Una de las formas más sencillas de aumentar la energía y la creatividad es aprender una palabra nueva al día. Cuando aprendes una nueva palabra, tu cerebro se expande y se conecta con todas las cosas que ya sabes. Las palabras nuevas te permiten comprender mejor las cosas en las que estás trabajando y aumentar tu vocabulario te permite comunicarte de manera más eficiente.

Un buen recurso para aprender nuevas palabras y obtener una perspectiva renovada en las que ya conoces es *What a Great Word*. En este libro, Karen Ann Moore profundiza en el significado espiritual de las palabras. De manera muy apropiada, *decisiones* es una de las 366 palabras que Karen explora en su libro:

> Una de las formas de escribir y editar continuamente la historia de tu vida es a través de tus decisiones. A veces optas por las mejores partes de la vida, de alta calidad y muy buscadas, y otras veces solo decides seguir adelante y no pensar demasiado en las consecuencias. Lo lamentable es que hasta cuando estás cansado, incluso cuando decides no elegir, has tomado una decisión y, a menudo, trae resultados que no esperabas.
>
> Ya sea una decisión acerca de tu carrera, tus emociones o las cosas espirituales, debemos entender que estamos conectados con los resultados. Cuando el resultado satisface nuestro corazón porque estamos complacidos y emocionados con la decisión que tomamos, es un día genial. Cuando tomamos una decisión sin incluir al corazón como nuestro guía, no podemos evitar sufrir el desencanto. La decisión es tuya cada día, pero las mejores decisiones están conectadas a tu corazón[3].

Aprender esto no solo le da al cerebro el dulce que le encanta, sino que edifica tu espíritu dándote esperanza y ánimo. ¡Aprender una palabra al día es un hábito estupendo!

18. Crea tu lista de canciones

La música mueve el alma con poder. Los mensajes inspiradores y motivadores te dan el empuje y el ánimo que necesitas para atravesar con poder los tiempos difíciles.

....

«La música es una ley moral. Le da alma al universo, alas a la mente, vuelo a la imaginación, y encanto y alegría a la vida y a todo».

PLATÓN

....

Toma tiempo y crea una lista de tus canciones favoritas. Presta atención a la letra y asegúrate de que te dan energía, esperanza y ánimo. Quizá quieras crear varias listas de cinco o diez canciones, cada una diseñada para ayudarte a fomentar la actitud que procuras, como la gratitud, la esperanza y el entusiasmo. Ten a mano tus programas inspiradores y motivadores también. ¡Nada alimenta el espíritu como escuchar un poco de Zig Ziglar!

Si de veras quieres caminar la milla extra, te sugiero que grabes tu propia voz leyendo las tarjetas Ziglar de diálogo interno al final del libro. Este procedimiento transformador solo te lleva unos minutos, y da resultado, pues reclamas las cualidades del éxito que te ha dado Dios. ¡Grábate leyendo las afirmaciones, añádelas a la lista de canciones y siente como crece la energía!

19. Sal de la ciudad

Mi buen amigo David Wright, que ha sido asesor por más de veinte años y creó el programa Ziglar para asesoramiento, nos brinda esta cita de Mark Batterson:

....

«Cambio de lugar. Cambio de ritmo. Cambio de perspectiva».

....

A veces, para lograr adelantar y tener más energía y creatividad, necesitamos salir de la ciudad. El cambio de lugar y de ritmo nos da el cambio de perspectiva que necesitamos para ver las cosas de una manera nueva. Este libro es prueba de este concepto. La idea me vino hace más de cuatro años, pero no progresó mucho hasta que salí de la ciudad. Fui de viaje con mi agente y buen amigo Bruce Barbour a Albuquerque, Nuevo México, y alquilamos una casa en la sierra de Sandía. En tres días bosquejamos y escribimos la propuesta de este libro. El hecho de que lo estés leyendo es prueba de que el cambio de lugar, ritmo y perspectiva da resultado.

20. Ponlo todo junto: el poder de la multiplicación

Hay muchas cosas que puedes hacer para desarrollar energía y creatividad en tu vida personal. Motivarse y mantenerse motivado es una decisión, y para causar un impacto para toda la vida, tus decisiones deben convertirse en hábitos.

La buena noticia es que tus hábitos y tus decisiones se benefician del poder de la multiplicación. Imagínate que paseas por el parque. Imagínate que paseas por el parque. En este paseo vas escuchando la lista de canciones que creaste que incluye la grabación de tu afirmación de diálogo interno. Te detienes para tomar agua de tu botella y reflexionas sobre tres cosas por las que estás agradecido. Sacas tu banda de estiramiento y haces sesenta segundos de ejercicios. Antes de comenzar a caminar de nuevo, les mandas un mensaje de texto a unos amigos diciéndoles que estás pensando en ellos y que los amas. En el camino de regreso a la oficina, comienzas a soñar despierto acerca de cómo serán las cosas en un año. ¡Cielos! En esta corta caminata has mejorado tu vida personal y tu energía de nueve maneras diferentes.

Lo que necesitas lo tienes dentro de ti.

La manera más rápida de tener éxito es sustituir los malos hábitos por los buenos.

Saca tu bolígrafo, ¡es hora de pasar a la acción!

TRES PREGUNTAS PARA LOGRAR LA TRANSFORMACIÓN

Quiero que escribas en tu diario las respuestas a estas preguntas. ¡La claridad te permite tomar buenas decisiones y a actuar como es debido!

1. ¿Cuáles son los deseos, sueños y metas para mi vida personal? (Deseo)
2. ¿Cómo mejorará mi vida en el aspecto personal cuando desarrolle los hábitos que me dan energía y permiten que

mi creatividad crezca en todas las esferas para llegar a ser la persona que Dios quiere que sea? (Esperanza)

3. ¿Cómo puedo aplicar la determinación a mis dones, talentos, habilidades y experiencias en la esfera personal de mi vida? (Determinación)

¡Ahora es el momento de desarrollar la estrategia y pasar a la acción!

Primer paso: Identifica tus malos hábitos personales

¿Qué malos hábitos personales tienes que están creando una vida desequilibrada y no te permiten reponer energías, limitando así el logro de tus deseos, sueños y metas?

Escríbelos en tu diario y sé específico.

Segundo paso: Identifica los buenos hábitos personales que necesitas

¿Qué información puedes introducir a propósito en tu mente, y qué acciones puedes tomar que fortalecerán las decisiones personales que deseas crear que te permitirán alcanzar tus deseos, sueños y metas más rápido (por ejemplo: educación, cursos en línea, relaciones positivas como mentores o entrenadores, libros, pódcasts, diálogo interno, acciones que puedas llevar a cabo, pasatiempos en los que puedas trabajar y amistades que puedas cultivar)?

Escríbelos en tu diario y sé específico.

Tercer paso: Decide sustituir un mal hábito personal con uno bueno

Escoge un mal hábito que quieras sustituir con uno bueno. Comienza con algo pequeño y desarróllalo. ¡La clave es comenzar y perseverar! Cada semana básate en el mismo cambio de la semana anterior y sustituye otro mal hábito con uno bueno.

Ejemplo: En el ámbito personal de tu vida identificas el mal hábito de hacer de todo menos cuidarte. Parece que cada segundo de cada día lo pasas trabajando en un proyecto o ayudando a otra persona, y no tienes tiempo personal para reflexionar, recargar energías, renovarte y trabajar en cualquier cosa que te dé alegría solo porque quieres hacerlo. El resultado de esto es el agotamiento y la creencia de que nunca serás capaz de hacer lo que quieres hacer. Determinas que la vida se ha vuelto tan agitada que tu tiempo y tu atención están demasiado centrados en conseguir que se haga la siguiente cosa en lugar de cuidar de ti mismo. Decides que quieres desarrollar las habilidades y convicciones personales de darle prioridad a tu vida, pues te das cuenta de que necesitas energía y creatividad para moverte hasta el siguiente nivel.

Mal hábito personal: se te acaba el tiempo todos los días sin recargar las baterías de tu energía y creatividad.

Buen hábito personal: programar un tiempo regular para hacer las cosas que te dan energía y que expanden tu creatividad.

Aquí tienes cuatro ejemplos de cómo tomar pequeñas decisiones que transformarán tu vida.

> **Primer ejemplo:** Identifica diez cosas que te aporten energía y te permitan volver a centrarte, relajarte y pensar con más claridad. Cada día planifica un tiempo en tu agenda para hacer al menos una de estas actividades con la intención de crear un espacio para ser creativo y sentirte satisfecho.

Segundo ejemplo: Escoge de las diez cosas que identificaste que te aportan energía y establece una gran meta en torno a esta. Si el senderismo te da energía, tu gran meta podría ser un viaje de tres días en el que inviertas la mayor parte del tiempo caminando en un hermoso lugar, seguido de una buena comida y un masaje. Fija una fecha para esto y hazlo realidad.

Tercer ejemplo: Investiga algo nuevo que siempre has querido hacer, pero que nunca hayas hecho. Toma un curso, aprende a cocinar algo nuevo, o adopta un nuevo pasatiempo. Lleva un diario de lo que aprendes y de cómo te hace sentir. Observa si tu energía y creatividad mejoran. Realiza una búsqueda de esto en tu planificador de desempeño Ziglar.

Cuarto ejemplo: ¡Desenchufa! Toma tres días, o más si es posible, y desconéctate de toda la tecnología. Hazlo a la antigua manera, y utiliza un bolígrafo y un papel para pensar en lo que quieres convertirte. Hazlo con la mente despejada. Fija una fecha y hazlo realidad.

¡Decide ganar! Es hora de actuar. Escribe en tu diario lo que harás a propósito:

- Los malos hábitos personales que quieres desechar.
- Los buenos hábitos personales que quieres llevar a la práctica.
- Un plan de acción diario para implementar por lo menos un buen hábito personal.

Esto quizá no parezca mucho, pues solo lleva unos minutos al día poner en práctica una buena decisión personal, pero cuando le añades esto a cada semana, ¡sin darte cuenta tu vida cambiará por completo!

¿Puedes sentirlo? La esperanza aumenta debido a que empiezas a tener claro hacia dónde quieres ir, y has identificado las decisiones que necesitas tomar para llegar allí. Tu globo está comenzando a tomar vuelo y a ganar algo de altitud, ¡y estás cortando las cuerdas que te han tenido atado al suelo!

Capítulo 11

PROFESIONAL

Decide optar por el verdadero desempeño en lugar de la inactividad sin inspiración

> **SÉPTIMA DECISIÓN:** La decisión de una *profesión* que dé lugar a un verdadero desempeño requiere la actitud, el esfuerzo y la habilidad adecuados.

«Si haces más de lo que te pagan, a la larga te pagarán más por lo que haces».
ZIG ZIGLAR

El séptimo radio en la Rueda de la Vida es el profesional, que es el motor económico que te permite ganarte la vida y satisfacer tus necesidades y deseos financieros. Tanto si eres propietario de un negocio, como si eres un directivo, un profesor, un vendedor o un inversor, tu desempeño en lo que haces determina en gran medida tus resultados financieros e incluso tu grado de satisfacción y felicidad internas. Entiendo que la situación de cada persona es única, y que algunas circunstancias no son necesariamente justas ni están bajo tu control, pero sea cual sea tu situación, tienes mucho más que ganar que perder si abordas lo que haces con la actitud, el esfuerzo y la habilidad adecuados.

Cuando yo era adolescente, papá nos llevó una vez a un buen restaurante de bistecs. Nos sentamos y el camarero nos trajo el menú y tomó nuestros pedidos de bebidas. Después vino su ayudante y comenzó a llenar los vasos de agua. Era un joven no mucho mayor que yo. Extendió la mano, tomó un vaso, lo llenó de agua, y lo volvió a poner en la mesa, derramando agua en la mesa. Esto lo hizo dos veces más antes de que papá le preguntara:

—Joven, ¿cómo te sientes hoy?

—No muy bien. No me gusta mi trabajo.

Papá levantó las cejas.

—No te preocupes, no lo tendrás por mucho tiempo.

¡Cielos! Muy rara vez vi este lado de papá, pero tenía una habilidad especial para leer a la gente. El joven se alejó de la mesa enseguida. Dos minutos más tarde volvió y le dijo a papá:

—Señor, gracias por indicarme que mi actitud no era buena. Sí, me gusta este trabajo. Solo tuve un momento malo, y quiero decirle que me he recuperado y aprecio que me lo dijera directamente. Por favor, acepte mis disculpas.

Papá entonces lo elogió por su madurez al reconocer la situación y ajustar su actitud, y por el valor de volver y pedir disculpas. Tuvimos una gran cena, y papá influyó mucho en dos personas esa noche: el ayudante de camarero y yo.

El desempeño, hacer bien el trabajo, es una combinación de actitud, esfuerzo y habilidad. Yo he desarrollado una fórmula matemática basada en esta idea que creo que ilustra el poder de estos tres elementos. La llamo, la fórmula Ziglar del desempeño.

Actitud x Esfuerzo x Habilidad = Desempeño
A x E x H = D

¿Alguna vez te has preguntado por qué el cinco por ciento que está en lo más alto en casi todos los sectores gana cuatro, cinco, seis e incluso siete veces más que la media de su sector? La fórmula Ziglar del desempeño te mostrará con claridad por qué es así. Veamos de cerca lo que representa cada palabra de la fórmula.

DESEMPEÑO

Al principio de mi carrera en Ziglar me di cuenta de algo sorprendente: Nadie nos compra entrenamientos, libros, programas en audio o seminarios solo por la información que estos ofrecen. En su lugar, la gente compra los *resultados*. Creen que nuestros materiales pueden ayudarles en su desempeño, lo que, a su vez, mejorará sus resultados. Es más, propongo que el motivo por el que lees este libro ahora es porque ya obtuviste, y crees que obtendrás más, ideas, consejos, conceptos y filosofías que te ayudarán a mejorar tu desempeño y lograr mejores resultados en todas las esferas de tu vida.

No importa lo que hagas para ganar dinero, estás en el negocio de resolver problemas, y mientras mejor lo hagas, más problemas resolverás y más certificados de gratificación recibirás.

Hace unos quince años llevé a nuestra compañía por el proceso de definir lo que hacíamos como empresa. De ese ejercicio nació el concepto de que estamos en el negocio del «verdadero desempeño»; en otras palabras, inspiramos y ayudamos a individuos y empresas a lograr el verdadero desempeño. Como equipo, pasamos horas analizando el significado de esa terminología y creamos esta definición: «El *verdadero desempeño* es el logro ideal de una meta, una aspiración o un objetivo».

Estaba tan orgulloso de esa definición que de inmediato se la llevé a papá. Le entregué la hoja de papel donde estaba escrita y él la leyó para sí. (Podía ver sus labios en movimiento). La leyó de nuevo en silencio (sus labios todavía se movían). Movió la cabeza hacia un lado, miró hacia arriba y sacó el bolígrafo. Entonces, ¡le añadió seis palabras que llevaron la definición de buena a mejor que buena!

«El *verdadero desempeño* es el logro ideal de una meta, una aspiración o un objetivo que beneficia a todos los involucrados».

Con solo el movimiento del bolígrafo, papá transformó una definición idealista en una definición significativa y medible. El verdadero desempeño sucede cuando haces el mejor trabajo posible y todos ganan. Si esto te parece conocido, compáralo con una de las citas más famosas de Zig Ziglar:

«Puedes tener todo lo que quieras en la vida si ayudas lo suficiente a otras personas a conseguir lo que quieren».

En pocas palabras, cuando se completa un trabajo, un proyecto o una venta, todos deben ganar para que se considere un verdadero desempeño. El cliente, el vendedor, el equipo de apoyo, el liderazgo de la empresa y la comunidad, todos deben ganar. Hay muy pocas cosas que satisfacen más en la vida que resolver problemas y lograr el verdadero desempeño en el proceso.

ACTITUD

La actitud es tu manera de pensar o sentir acerca de alguien o algo. ¿Cuál es tu actitud hacia tu trabajo? ¿Tu cliente? ¿Tus colegas? Es fácil reconocer las actitudes buenas y las malas. La actitud da energía o la merma. Nada mueve una relación ni una oportunidad con más rapidez que la actitud. Yo he salido de algunos restaurantes a causa de las malas actitudes (groserías, ser ignorado), y he esperado más de una hora en otros para ser servido debido a las buenas actitudes.

....

«Una actitud positiva siempre superará
a una actitud negativa».

ZIG ZIGLAR

....

ESFUERZO

El esfuerzo es trabajo e inteligencia. Dar el cien por ciento del esfuerzo no solo significa que trabajas duro y concentrado por completo, sino que también lo haces de manera inteligente, ejecutando un buen plan que está bien pensado. Mi amigo Don Sherman fue miembro del FBI [por sus siglas en inglés del Buró Federal de Investigaciones] y del equipo SWAT [por sus siglas en inglés de Armas y Tácticas Especiales]. Le pregunté cómo entrenaban para andar con tanta rapidez cuando practicaban situaciones de rescate de rehenes. Enseguida me dijo que nunca practicaban la rapidez, pues ir rápido los podía matar. Entrenaban con lentitud. Los miembros del equipo trabajan juntos para protegerse unos a otros y rescatar al rehén con la mejor posibilidad de que nadie resulte lesionado. Hacer el trabajo es importante, ¡pero hacerlo de la manera adecuada y calmada le puede añadir años a tu vida!

HABILIDADES

La habilidad es la capacidad de hacer algo bien hecho. Las grandes habilidades resultan del aprendizaje, el entrenamiento, la repetición y la práctica. A fin de llevar al máximo tu motor económico, necesitas buenas habilidades, no importa lo que decidas hacer. Un profesional entiende esto y no deja de aprender, de capacitarse, y de desarrollar sus habilidades personales y profesionales.

LA FÓRMULA ZIGLAR DEL DESEMPEÑO

A continuación se muestra una sencilla ilustración de cómo funciona la fórmula. ¿Recuerdas tu primer empleo «verdadero»? ¿Recuerdas cómo te sentiste el primer día? Lo más probable es que estuvieras nervioso y tuvieras muchas interrogantes como:

- ¿Me adaptaré?
- ¿Agradaré a los demás?
- ¿Me equivocaré y me despedirán?
- ¿Seré capaz de aprender todo lo bastante rápido y hacer un buen trabajo?

Al entrar, tu actitud quizá fuera un poco insegura. Como era tu primer día, no te dieron nada que hacer (esfuerzo) y no te habían instruido, lo cual quiere decir que no tenías las habilidades específicas todavía. Esto significa que en la fórmula de Ziglar del desempeño tu actitud fue un 1, tu esfuerzo fue un 1 y tu habilidad fue un 1.

Actitud x Esfuerzo x Habilidad = Desempeño

1 x 1 x 1 = 1

Al entrar, tu puntuación de desempeño es 1.

Ahora imagina que tan pronto como te presentas en tu primer día te encuentras con tu jefa y ella te da este discurso nada más empezar:

«Gracias por llegar treinta minutos más temprano. ¡Qué forma de comenzar tu primer día de trabajo! Quiero que sepas que te irá de maravillas aquí. Te fue muy bien en el proceso de entrevista con cada uno de los miembros del equipo, y las pruebas mostraron que eres perfecto para este puesto inicial. Creo que si te esfuerzas, y traes la actitud y las habilidades adecuadas todos los días, avanzarás con rapidez. Todo el equipo está preparado para contestar cualquier pregunta que tengas. Sé que es tu primer empleo, y quiero que sepas que estamos entusiasmados de que formes parte del equipo.

»Este es tu programa para el primer día. Te sentarás con cada una de las personas del equipo, que te explicarán a qué se dedican y cómo vas a trabajar con ellas. Terminarás el día con Recursos Humanos. Ellos completarán toda la documentación oficial, te instalarán en tu puesto de trabajo y responderán a cualquier pregunta. ¡Bienvenido a bordo!».

¡Cielos! ¡Sería maravilloso si el primer día de trabajo de todo el mundo fuera así! Si ese fuera tu caso, ¿cómo te sentirías? No hay duda de que tu actitud sería más positiva y tu confianza levantaría vuelo. Las palabras apropiadas de tu jefa elevaron tu actitud del 1 al 2.

Actitud x Esfuerzo x Habilidad = Desempeño

2 X 1 X 1 = 2

La mejora de tu actitud por sí sola ha duplicado tu desempeño. Eres lo que llamo «ascensor peligroso». El ascensor peligroso es cuando estás en un ascensor y alguien te pregunta por qué estás tan feliz puesto que tienes una sonrisa de oreja a oreja.

—¡Me encanta mi trabajo! —respondes.

—¿Qué haces? —te preguntan después.

—No tengo ni idea. ¡Es mi primer día y es increíble!

La realidad es que, como eres nuevo en el trabajo, tu jefa no tiene miedo de que hables de forma inapropiada con alguno de los clientes o prospectos. Sabe que tu actitud positiva compensará con creces tu falta de habilidades o conocimientos, y que si te hacen una pregunta que no puedes responder, solo dirás con una gran sonrisa: «Soy nuevo aquí. Déjame encontrar a alguien de nuestro equipo que le pueda ayudar».

Como tu primer día en el trabajo fue tan bueno, estás entusiasmado por el segundo. Llegas de nuevo con treinta minutos de anticipación y, al entrar, uno de tus compañeros te dice: «La jefa te quiere ver». Entusiasmado, entras a su oficina, esperando otro discurso. No quedas desilusionado.

—¡Vaya! —te dice—. Creo que tu primer día fue el mejor que cualquier nuevo miembro del equipo haya tenido jamás. Les caíste bien a todos. Hiciste grandes preguntas, tu actitud fue sobresaliente y estás aprendiendo rápido. Sigue así. Hoy te daré algo que hacer que te introducirá a nuestros clientes y nos ayudará a completar un proyecto. Aquí tienes una lista de cien clientes a los que enviamos paquetes hace diez días. Todo lo que necesito que hagas es que los llames y confirmes que recibieron el paquete. Si dicen que sí, márcalo en la lista. Si les dejas un mensaje de voz, solo infórmales que te llamen o te envíen un correo electrónico si no recibieron el paquete. Y por supuesto, si no lo recibieron, diles que les mandaremos otro de inmediato, y mándale la información a Juan para que pueda encargarse de esto. Aquí está la lista de clientes y una descripción de lo que iba en el paquete, en caso de que pregunten. ¿Tienes alguna pregunta?

—No —contestas.

—¡Genial! Mantenme informada sobre cómo va. Esto nos ayudará a terminar este proyecto. ¡Me alegro de que estés en el equipo!

Vas a tu escritorio y empiezas a hacer las llamadas. Cien llamadas nunca se hicieron tan rápido. Tenías energía, tu actitud era buena y tu esfuerzo fue enorme. Ya tienes la habilidad de hacer una llamada telefónica. En el segundo día tu actitud era 2, tu esfuerzo era 2 y tu habilidad era 1. ¡Tu desempeño se duplicó de nuevo!

Actitud x Esfuerzo x Habilidad = Desempeño

2 x 2 x 1 = 4

Qué gran comienzo para tu nuevo trabajo. El tercer día vuelves a llegar treinta minutos antes y, tal como esperabas, tu jefa quiere verte. Te apresuras a ir a su oficina, pues las palabras de aliento nunca envejecen.

«¡Maravilloso! ¡El primer día fue fantástico, pero el segundo aún mejor! Uno de nuestros clientes me llamó para elogiarte por el mensaje que le dejaste. Dijo que fue claro y entusiasta, y que apreciaba tu dedicación y la atención que le diste. ¡Sigue haciendo buen trabajo!

»Hoy tengo otro proyecto para ti. Este es con nuestros treinta clientes principales, y te voy a preparar para que lo puedas completar. Como sabes, proveemos equipos y programas de computadora a nuestros clientes principales. El mes pasado les mandamos una actualización de *software* por correo electrónico a nuestros treinta clientes más importantes. Necesito que los llames y confirmes con cada uno si pudieron instalarlo como es debido. Esto es algo bastante fácil de hacer, pero no todos se sienten cómodos cargando programas nuevos en su computadora. Aquí tienes un guion que quiero que interiorices y memorices, pues te permitirá ayudar a cada cliente con la instalación si no la han hecho ya. El guion también abarca las preguntas que tengan y las respuestas a esas preguntas. Avísame cuando te sientas cómodo con la información y, luego, podemos hacer un ensayo y algunas llamadas juntos. Te informaré cuando estés listo para comenzar a llamar».

Vuelves a tu escritorio y estudias el guion hasta que te lo sabes de memoria y entonces llamas a tu jefa para informarle que estás listo para ensayarlo con ella. Después de una hora de ensayo con tu jefa, esta te informa con entusiasmo que estás listo para hacer las llamadas. Las treinta llamadas pasan volando más rápido de lo que imaginabas. Tu actitud es 2. Tu esfuerzo es 2. Y ahora usas habilidades específicas para tu nuevo trabajo, por lo que tu habilidad también pasó de 1 a 2. ¡Tu desempeño se duplicó de nuevo!

Actitud x Esfuerzo x Habilidad = Desempeño

2 x 2 x 2 = 8

Me encanta revelar este escenario, pues muestra cómo funciona de veras el desempeño. Ahora tengo una buena y una mala noticia. La mala noticia es que, en el ejemplo anterior, más del noventa por ciento de las personas dejan de presentar su mejor actitud, esfuerzo y habilidad en este punto. Dependen de su jefe, o de sus circunstancias, o (rellena el espacio en blanco) para determinar el éxito, pero la buena noticia es que algunas personas deciden la mentalidad de posesión.

La mentalidad de posesión

Para decidir ganar, debes elegir la mentalidad de posesión cuando se trata de tu actitud, esfuerzo y habilidad. En el caso que presenté, tu actitud, esfuerzo y habilidad eran positivos debido a que tenías una buena jefa. La mentalidad de posesión significa que no dependes de tu jefe ni de más nadie para mostrar la actitud, el esfuerzo y la habilidad.

¡Esas son tuyas!

Eres dueño de tu actitud. No te importa el estado de ánimo del jefe. No te importa el tráfico ni el tiempo. Tomaste la decisión de tener una actitud fantástica que es positivamente contagiosa, y has creado hábitos ganadores que mantienen tu actitud positiva. Tu actitud día a día es de 3.

Eres dueño de tu esfuerzo. No te importa cuál es la media. Quieres saber lo que hace la mejor persona del país en cuanto a esfuerzo. Siempre haces un poco más, y te tomas el tiempo necesario para planificar y priorizar tu jornada laboral. Tu esfuerzo día a día es de 3.

Eres dueño de tu habilidad. Aprecias la formación que te proporciona tu empresa, pero no te quedas ahí. Siempre haces un esfuerzo adicional para aprender más e inviertes en ti mismo tanto de manera personal como profesional. Tu habilidad día a día es de 3.

Cuando aplicas la posesión a la fórmula de desempeño Ziglar, se ve así:

Actitud x Esfuerzo x Habilidad = Desempeño

3 x 3 x 3 = 27

¡Ahora ya sabes por qué el cinco por ciento de los mejores en casi todos los sectores ganan más que la media! Son dueños de su actitud, esfuerzo y habilidad.

Imagínate si en la representación anterior hubieras hecho las siguientes cosas además de lo que te sugirió tu jefa:

Actitud: Si te hubieras levantado cada día más temprano para prepararte leyendo y escuchando información inspiradora y educacional. Si de regreso a casa hubieras escuchado algunos de los programas de Zig Ziglar y hubieras llamado a un amigo para animarle y recibir ánimo.

Esfuerzo: Si cuando tu jefa te dio las llamadas para hacer, hubieras planificado y las hubieras organizado para trabajar con mayor eficiencia. Si le hubieras preguntado a tu jefa quién en el equipo tenía más experiencia haciendo lo mismo, y les hubieras preguntado la mejor manera de hacer las llamadas. Si al terminar hubieras ido de inmediato a tu jefa y le hubieras pedido más llamadas que hacer.

Habilidad: Si cuando tu jefa te instruyó con el guion y el ensayo, hubieras hecho una búsqueda en Google acerca de las mejores prácticas para dejar un mensaje de voz y hacer contactos telefónicos. Si le hubieras pedido a tu jefa cualquier otra información que pudieras darle a los clientes mientras los tenías en el teléfono que los beneficiara a ellos y a la empresa.

Como puedes ver, cuando eliges ser dueño de tu actitud, esfuerzo y habilidad, las posibilidades son infinitas. Siempre puedes encontrar formas de crear más valor y hacer un poco más. La suma de las pequeñas cosas es lo que marca la gran diferencia y lleva tu desempeño al siguiente nivel.

El enorme impacto de una actitud negativa en el desempeño

¿Te has preguntado alguna vez qué impacto tiene una actitud negativa sobre el desempeño? ¡Es grande! Introduzcamos una actitud negativa en la fórmula de desempeño Ziglar y veamos lo que sucede. En una ecuación matemática, cuando cambias el valor de un número entero de positivo a negativo, el producto de la ecuación pasa de positivo a negativo.

Actitud x Esfuerzo x Habilidad = Desempeño
-2 x 2 x 2 = -8

¡Exacto! Una actitud negativa cambia el resultado de positivo a negativo. Y esto es lo más preocupante. Supongamos que alguien en el equipo lleva mucho tiempo y tiene un esfuerzo y una habilidad estupendos, pero posee una actitud terrible. Ahora mira los resultados:

Actitud x Esfuerzo x Habilidad = Desempeño
-2 x 3 x 3 = -18

Este tipo de empleado le cuesta una fortuna a la compañía, pues infecta a prospectos, clientes, empleados y vendedores con su actitud negativa. Muchas investigaciones han mostrado que es más barato para una empresa mandar a un empleado negativo a su casa con pago que permitirle que cause un impacto negativo en la organización. ¿Te sorprende? Me apuesto a que te vienen a la mente algunos ejemplos en tu propia vida ahora mismo.

La fórmula de desempeño Ziglar es una de las charlas más importantes que les doy a corporaciones, debido a que hace tangible lo intangible, y demuestra el verdadero costo de una actitud negativa y de no tomar posesión mental cuando se trata del desempeño. A menudo la discusión y las preguntas y respuestas en torno a esta fórmula causan un impacto extraordinario en toda la organización con bastante rapidez, igual que lo hará en tu propio desempeño.

¡La secuencia es importante!

En la fórmula de desempeño Ziglar, empezamos de manera intencional con la actitud, y luego pasamos al esfuerzo y a la habilidad. Los grandes asesores lo saben. Una gran actitud impulsa el esfuerzo y la habilidad. Por alguna razón, esta secuencia se ignora en la mayoría de las empresas e instituciones académicas. Piénsalo. Casi todas las empresas comienzan a capacitar a los nuevos empleados en sus habilidades primero, luego les dan trabajo para hacer (esfuerzo) y después, cuando el desempeño se está quedando atrás, les dan incentivos de actitud negativa. No es de extrañar que tan pocos en el mercado tengan la mentalidad de posesión.

CINCUENTA HÁBITOS DE DESEMPEÑO QUE PUEDES ELEGIR PARA TI

Este es el momento de «apropiarte» de tu interpretación. ¿Cómo te calificas a ti mismo utilizando la fórmula de desempeño Ziglar? Anímate y califícate ahora:

Actitud x Esfuerzo x Habilidad = Desempeño

____ x ____ x ____ = ____

A continuación te doy cincuenta hábitos de desempeño en las categorías de actitud, esfuerzo y habilidad. Escribe en tu diario los siguientes títulos seguidos de listas numeradas: Hábitos de actitud (1-11), Hábitos de esfuerzo (12-30) y Hábitos de habilidad (31-50). Haz un inventario personal y califícate en cada uno de los cincuenta hábitos marcando un 1, 2 o 3 junto a las listas numeradas.

1. significa que es un hábito no reconocido o no desarrollado.

2. significa que lo tienes, pero tiendes a hacer solo lo mínimo requerido.
3. significa que lo posees y superas las expectativas en este aspecto de manera regular.

Hábitos de actitud

1. Determinas tu actitud por adelantado. Eliges celebrar las buenas noticias y aceptar los contratiempos con una actitud positiva de superación antes de que sucedan las situaciones.
2. Observas el lenguaje físico. Usas tu cara, tu sonrisa, tu porte y todo el cuerpo para que los que te rodean sepan que estás comprometido, eres servicial, escuchas y eres alguien en quien pueden confiar para resolver el problema.
3. Eres curioso. Sentir curiosidad por otra persona y sus retos es uno de los mayores y más poderosos cumplidos que puedes hacer. Estar preparado con preguntas como: «¿Puedes contarme más sobre eso?» y «¿Cómo te afecta eso?» abre puertas y te permite servir a los demás.
4. Te enfocas. Determinas con antelación cuál es tu enfoque principal al trabajar en un proyecto con otras personas, y dejar que tu actitud y tu porte lo demuestren.
5. Estás dedicado al cien por ciento. ¡Estás comprometido! O lo haces todo o te planteas no hacerlo en absoluto. Te aseguras de que tus palabras, acciones y lenguaje corporal respalden las expectativas que has establecido.
6. Actúas con propósito. Eres intencional con tus acciones, sabiendo que todo lo que haces te acerca un

paso más al resultado que deseas. Actuar con propósito demuestra confianza.

7. Eres agradecido. Todos los días dedicas tiempo para reflexionar sobre las experiencias, personas y oportunidades que han enriquecido tu vida y te han puesto en posición de lograr tus sueños y metas. La gratitud es la emoción humana más saludable.
8. Eres generoso con tu tiempo, tu tesoro y tus talentos. El rabino Daniel Lapin dice: «La oportunidad busca la generosidad». La gente con la que te quieres conectar, y que te trae negocio, no pasa mucho tiempo con gente tacaña y mezquina.
9. Haz un inventario. Al final de cada día, haz un inventario de tu actitud: ¿Qué hiciste bien y qué puedes hacer mejor la próxima vez?
10. Te deleitas en las cosas pequeñas. Comprendes y crees que las muchas cosas pequeñas hechas bien y con la actitud adecuada te dan la mayor oportunidad para triunfar, y en realidad no requieren mucho talento ni habilidades. Mi padre dijo: «El disparo grande no es más que un disparo pequeño que continuó disparando».
11. Dices la verdad por adelantado. Aunque no te «apetezca» en este momento, decides cómo quieres sentirte y lo dices como si ya te sintieras así.

Hábitos de esfuerzo

12. Llegas temprano. Es una decisión. Hazlo un hábito.
13. Estás preparado. Aprendes con antelación todo lo que puedas que te dé la mejor oportunidad de triunfar.

14. Te organizas y estableces prioridades. Tienes un plan para tu día a fin de que tu vida suceda según el plan y no el plan según el día.
15. Haces más. Sobrepasas las expectativas para que toda interacción que tengas cree confianza.
16. Practicas la constancia persistente (CP). Te esfuerzas en tus metas todos los días (constancia) y haces un poco más para cada una todos los días (persistencia).
17. Te esfuerzas cada día. Eliges hacer al menos una cosa cada día que esté fuera de tu zona de comodidad profesional y te lleve a la zona de eficiencia.
18. Te enfocas en el proceso y no en los resultados. Te gozas en perfeccionar el proceso (el cual puedes controlar) y no gastas energía pensando en los resultados (los cuales a menudo no puedes controlar).
19. Pones combustible a tu motor. Llevas al máximo tu esfuerzo durmiendo lo suficiente, comiendo bien y haciendo ejercicios.
20. Tomas vitamina D. Es más, revisas tus niveles de vitamina D, que te da el combustible para mejorar tu esfuerzo. Nada le da impulso a tu energía y actitud como esta vitamina, o un poco de luz solar directa.
21. Lidias con el estrés. Creas una estrategia para controlar el estrés, debido a que este impacta el potencial de tu esfuerzo y productividad.
22. No haces muchas cosas a la vez. Te enfocas en una cosa a la vez.
23. Gestionas las interrupciones. Identificas las interrupciones que recibes a diario y tienes un plan para hacerles frente.

Por ejemplo, desactivas las notificaciones del correo electrónico para que no aparezcan cuando estás trabajando en un proyecto.

24. Terminas con fuerza. Al igual que la primera impresión al conocer a alguien, terminar con fuerza una interacción o un proyecto aumenta la impresión y los resultados de tu trabajo.
25. Llevas un registro del tiempo. Sabes lo que estás haciendo y cuánto tiempo le dedicas a cada actividad del día. Una vez que conoces la situación, los cambios sencillos obtienen enormes resultados.
26. Eliminas, simplificas y delegas. ¿Qué cosas te hacen gastar esfuerzos a diario que puedas eliminar? ¿Simplificar? ¿Delegar?
27. Clasificas tu desempeño. ¿Cuáles son tus API (Actividades que Producen Ingresos), esas cosas que haces a diario y que resultan en ingresos directos? Si estás en ventas, algunos ejemplos incluyen una entrada en *LinkedIn*, dejar un mensaje de voz o reunirte en persona cuando haces una propuesta y pides que te den el negocio. Dale a cada una un valor de puntos: 1 punto por el mensaje de *LinkedIn*, 2 puntos por el mensaje de voz a un prospecto, 20 puntos por la reunión donde haces una propuesta y pides el negocio. No termines el día hasta tener 100 puntos acumulados.
28. Te encargas de inmediato de las tareas que te llevan menos de dos minutos. Hazlo ahora. Si es algo que tienes que hacer, y surge, lo haces ahora si te lleva menos de dos minutos.

29. Utilizas al máximo la Universidad del Automóvil. Usas cada minuto en tu viaje al trabajo para elevar tu actitud y aprender cosas que mejoren tu vida personal y profesional.
30. Separas bloques de tiempo. Divides tu día en bloques de tiempo de sesenta a noventa minutos, y cada bloque tiene metas y objetivos específicos.

Hábitos de habilidad

31. Consigues claridad. Aprender y utilizar las preguntas aclaratorias es una de las habilidades más poderosas que puedes dominar.
32. Desarrollas relaciones de mentor y alumno. Un mentor que ya ha alcanzado el éxito en un campo que quieres dominar es una gran ayuda. Multiplica esto con el hecho de ser un buen alumno: respeta el tiempo del mentor, haz buenas preguntas, toma notas, pon en práctica sus recomendaciones, informa de lo que has implementado, repite.
33. Escuchas. Practicas escuchar de forma activa y confirmas lo que escuchas antes de actuar.
34. Te comunicas. Entiendes el estilo de personalidad de tu interlocutor y hablas de la forma que le resulte más eficiente.
35. Controla tu lenguaje. Evita las obscenidades. Utilizas palabras que aportan esperanza y ánimo, y crean el ambiente adecuado para el éxito.
36. Creas rutinas. Desarrollas rutinas diarias que lleven al máximo tu productividad y energía, y te permitan tomar posesión de tu actitud.
37. Decides responder y no reaccionar. Planeas por adelantado cómo vas a responder a los retos y complicaciones en vez de reaccionar según tus emociones.

38. Creas una declaración de misión. Desarrollas una declaración de misión que te guíe en tus decisiones profesionales en cuanto a tu carácter, integridad y ética de trabajo.
39. Escribes tus metas. Defines con claridad tus metas y las escribes en detalles con planes de acción específicos.
40. Creas estrategias a largo plazo. Tomas decisiones y desarrollas tus habilidades personales y profesionales basándote en los objetivos a largo plazo de tu vida.
41. Visualizas cómo la actitud adecuada, tu esfuerzo y tus habilidades cambian tu vida. Creas una película mental propia con una calificación de diez de diez en actitud, esfuerzo y habilidad, y te imaginas cuán diferente será tu vida.
42. Pones lo negativo en un marco distinto. Cuando las situaciones negativas resaltan en otras personas, dedicas un momento para ver su punto de vista y determinas un buen resultado según su perspectiva.
43. Conoces tus debilidades y tus puntos ciegos. Durante el proceso de tomar decisiones, identificas tus puntos ciegos en los aspectos que no son una fortaleza natural en ti, y cultivas relaciones que tienen estos aspectos como sus puntos fuertes.
44. Preguntas cómo y por qué. En vez de enfocarte en lo que vas a hacer, das un paso atrás y te preguntas por qué y cómo lo vas a hacer como parte del proceso.
45. Creas un mapa mental. Al comenzar un proyecto o iniciativa importante, creas un mapa mental y un diagrama que produzca nuevas ideas alrededor de un proyecto. Esto te da un vistazo valioso del proyecto antes de comenzar a trabajar en este.

46. Te esfuerzas por mejorar tus habilidades sociales. Tu CE, coeficiente emocional, es la clave para entender las necesidades de otros, y hasta que no entiendas las necesidades de las personas a las que le resuelves problemas, tu desempeño nunca llegará al máximo.
47. Desarrollas tu *quién*. Bob Beidone, en *The Power of Who*, dijo: «Ya conoces a todo el que necesitas conocer para lograr todo lo que Dios te ha ordenado hacer»[1]. Desarrollas e inviertes en tus amistades clave, pues estas ya saben a quiénes necesitas conocer.
48. Creas tu propio programa de desarrollo. Mi padre dijo: «Debes ser para hacer, y debes hacer para tener». Elaboras un plan para desarrollarte a ti mismo, a fin de que te conviertas de manera intencional en alguien que toma posesión de su actitud, esfuerzo y habilidad.
49. Buscas comentarios y críticas constructivas con regularidad. Has reclutado tres o cuatro personas que quieren lo mejor para ti y en quienes puedes confiar que te harán críticas constructivas en las categorías de tu actitud, esfuerzo y habilidad.
50. Te asocias con otros que tienen tu misma mentalidad y convicciones. Identificas la mentalidad y las convicciones que te ayudarán a lograr tus metas y buscas relacionarte con personas que ya tienen esa mentalidad y esas convicciones.

Lo que hace falta está ya dentro de ti. ¡Es hora de hacerlo personal! Ahora, vuelve y revisa todo lo que marcaste con 1 o 2. En cada categoría (Actitud, Esfuerzo, Habilidad) dibuja un círculo alrededor de tres hábitos que, si los convirtieras en 3, causarían el mayor impacto en tu éxito.

La manera más rápida de tener éxito es sustituir los malos hábitos por los buenos.

Saca tu bolígrafo, ¡es hora de pasar a la acción!

TRES PREGUNTAS PARA LOGRAR LA TRANSFORMACIÓN

Quiero que escribas en tu diario las respuestas a estas preguntas. ¡La claridad te permite tomar buenas decisiones y a actuar como es debido!

1. ¿Cuáles son los deseos, sueños y metas para mi vida profesional? (Deseo)
2. ¿Cómo mejorará mi vida en el ámbito profesional o laboral cuando trabaje para resolver los problemas de los demás con actitud, esfuerzo y habilidad? (Esperanza)
3. ¿Cómo puedo aplicar la determinación a mis dones, talentos, habilidades y experiencias en el ámbito profesional o laboral de mi vida? (Determinación)

¡Ahora es el momento de desarrollar la estrategia y pasar a la acción!

Primer paso: Identifica tus malos hábitos profesionales

¿Qué malos hábitos profesionales tienes en los ámbitos de actitud, esfuerzo (ética de trabajo) y habilidad que te impiden desarrollar tu máximo potencial y te impiden alcanzar tus deseos, sueños y metas?

Escríbelos en tu diario y sé específico.

Segundo paso: Identifica los buenos hábitos personales que necesitas

¿Qué información puedes introducir en tu mente y qué acciones puedes llevar a cabo para fortalecer las cualidades profesionales que deseas desarrollar y que te permitirán alcanzar tus deseos, sueños y metas más rápido (educación, cursos en línea, relaciones positivas como mentores o entrenadores, libros, pódcasts, diálogo interno, acciones que puedas llevar a cabo, etc.)?

Escríbelos en tu diario y sé específico.

Tercer paso: Decide sustituir un mal hábito personal con uno bueno

Escoge un mal hábito que quieras sustituir con uno bueno. Comienza con algo pequeño y desarróllalo. ¡La clave es comenzar y perseverar! Cada semana básate en el mismo cambio de la semana anterior y sustituye otro mal hábito con uno bueno.

Ejemplo: En el ámbito profesional de tu vida identificas el mal hábito de no ser proactivo en cuanto a tu actitud, esfuerzo y habilidad. Tu jornada laboral se desarrolla sin un plan específico para crear una buena actitud en ti mismo. Tu esfuerzo se centra en apagar incendios y tus habilidades profesionales son el resultado de la capacitación en el trabajo, no del desarrollo estratégico basado en donde quieres estar dentro de cinco años. Determinas que tu falta de resultados y de avance se debe a que no te has adueñado de tu actitud, esfuerzo y habilidad. Decides que hoy es el día en que tomas el control de tu motor económico más poderoso: tú. Hoy es el día en que eres dueño de tu actitud, esfuerzo y habilidad, y vas a poner en marcha las decisiones transformadoras de la vida diaria en estas tres esferas que cambian tu carrera o futuro profesional.

Mal hábito profesional: no centrarme de forma proactiva en mi propia actitud, esfuerzo y habilidad.

Buen hábito profesional: crear un plan diario para elevar mi actitud, esfuerzo y habilidad de manera que cada semana sea mejor que la anterior, solo por pequeñas buenas decisiones en cada una de estas categorías.

Aquí tienes cuatro ejemplos de cómo tomar pequeñas decisiones que transformarán tu vida.

Primer ejemplo: Escribo una meta a un año detallando dónde quiero estar en mi carrera o en mi vida profesional, y luego identifico la actitud que necesito para lograrlo, y el esfuerzo y las habilidades que necesito desarrollar para lograr mi meta. A continuación, dividiré esta meta de un año en períodos de noventa días y determinaré lo que debo hacer a diario en cada esfera a fin de alcanzar mis metas de período de noventa días. Luego seguiré el progreso en las esferas de actitud, esfuerzo y habilidad cada día, lo revisaré al final de cada período de noventa días y haré los ajustes necesarios.

Segundo ejemplo: Determino y reconozco que mi carrera o actitud profesional será de contagioso aliento positivo que abre puertas y genera confianza. Comenzaré cada día tomando posesión de mi actitud y visualizando mi actitud como la clave para lograr mis metas y resolver los problemas de otros. Cada día, y preferiblemente al comienzo, escucharé, leeré o mantendré una conversación edificante y útil con un compañero a quien rendirle cuentas, sobre todo con relación a mi actitud. Esta pequeña decisión diaria de invertir en mi actitud de cinco a quince minutos es clave para mi éxito.

Tercer ejemplo: Al final de cada día, prepararé mi plan de trabajo y mi lista de tareas para el día siguiente, y luego revisaré esto a primera hora de la mañana antes de que comience mi jornada laboral. Mi atención se centrará en las prioridades y el concepto de esforzarme sin contratiempos en lo que me traerá los mejores resultados. Este ejercicio diario de diez minutos me mantiene enfocado en mis metas, mientras analizo cada tarea relacionada con mi meta de un año.

Cuarto ejemplo: Cada semana apartaré un tiempo específico para el desarrollo de habilidades intencionales, como leer, cursos en línea, asistir a un taller, escuchar un pódcast, etc. Usaré a diario una idea, concepto o habilidad recién aprendida en mis actividades diarias, y lo escribiré en mi diario y en mi planificador de desempeño Ziglar. Cada día no me iré a la cama hasta que no haya hecho una de estas cosas durante el día de manera intencional. Hago esto por sesenta y seis días (el tiempo que tarda en convertirse en un hábito esta pequeña decisión que transforma la vida).

¡Decide ganar! Es hora de actuar. Escribe en tu diario lo que harás a propósito:

- Los malos hábitos personales que quieres desechar.
- Haz una lista de los buenos hábitos profesionales que vas a llevar a la práctica.
- Escribe tu plan de acción diario para implementar al menos un buen hábito profesional.

Esto quizá no parezca mucho, pues casi siempre solo lleva unos minutos al día implementar una pequeña decisión profesional buena, pero cuando le añades esto a cada semana, ¡sin darte cuenta tu vida cambiará por completo!

¿Puedes sentirlo? La esperanza se eleva por encima de la montaña más alta debido a que ahora tienes un destino claro, y decisiones y acciones específicas que puedes tomar para llegar allí. Impulsa tus decisiones con determinación, y el desarrollo de tus dones y talentos pondrá en tu globo el combustible para cohetes.

Tercera sección

¿CUÁNDO COMENZAR?

Una cosa es cierta: si nunca das el primer paso, jamás darás el segundo paso.

En esta sección final de *Decide ganar*, quiero desafiarte con varias decisiones que transformarán tu vida. Con demasiada frecuencia, las personas nunca empiezan debido a que no saben hacerlo. Ahora que sabes por dónde empezar, hablemos de cuándo empezar. El cambio comienza contigo, ¡pero no comienza hasta que tú lo haces!

La vida de tus sueños solo es una serie de decisiones que tomas cada día. Cuando comiences a crear la vida de tus sueños, ten en cuenta estas cosas:

Tienes que empezar para empezar.
Vas a dejar un legado, así que hazlo de manera intencional.
Empezar es bueno; el comienzo perfecto, para ti, es mejor.
Vivir una vida con propósito, y a propósito, es una decisión.
¡La eternidad es mucho tiempo!

Capítulo 12

EL COMIENZO PERFECTO

Todos vamos a dejar un legado. ¿El tuyo será por elección o por casualidad?

Creo que te crearon para grandes cosas y Dios escondió en tu corazón deseos y pasiones que debes perseguir. El reto es que el mundo y la vida diaria entierran esos deseos y pasiones bajo montañas de obligaciones, dudas y temores. Nos enredamos tanto en la lucha de la vida diaria que nos olvidamos de nuestro propósito, para qué nos crearon, y nos conformamos con lo que el mundo dice que debemos hacer. Lo que es peor, comenzamos a creer la mentira de que no somos lo bastante buenos y no merecemos ir tras nuestros deseos y sueños. Este es el momento. Este es el día cuando decides perseguir tus deseos y sueños, y dejar un legado por diseño, ¡no por casualidad!

TRES DECISIONES

Te voy a desafiar ahora mismo a que tomes tres decisiones que cambiarán tu vida y tu legado. Esas tres decisiones sacarán los sueños de tu imaginación y los traerán a la realidad. Esas tres decisiones harán que lo imposible sea posible y que lo abrumador sea tan sencillo como dar un paso. Esas tres decisiones convierten tu «quisiera» en «lo haré», y tu «lo haré» en «lo hice».

Primera decisión: Adelante, da el primer paso

Algo grande está en tu corazón, algo del tamaño de «Dios» que sabes que estás destinado a hacer.

Solo empieza.

No sé cómo.
Nunca he hecho eso antes.
¿Qué pasa si parezco un tonto?

Solo empieza.

Otras personas hacen este tipo de cosas, yo no.
Apenas sé nada al respecto.
Es difícil.

Solo empieza.

El mes que viene cumpliré cincuenta y cinco años.
Hay mucha competencia allá afuera.
Nadie en mi familia lo ha hecho nunca.

Solo empieza.

Da el primer paso.
Escríbelo como una meta.
Invierte veinte minutos al día en aprenderlo.

Algo grande está en tu corazón.

Si pudieras hacerlo solo, con lo que tienes, no sería lo bastante grande, ¿verdad?

Segunda decisión: Elige dejar un legado por diseño

En mis viajes alrededor del mundo he observado algo interesante. Le pregunto esto a la audiencia a la que hablo: «Levanten la mano quienes quieran dejar un legado que se extienda por la eternidad». Cada vez que lo hago, ¡el cien por ciento de las manos se levanta!

Estoy seguro de que tú también quieres dejar un legado que se extienda por la eternidad. Aquí tienes cinco pasos que puedes dar para construir tu legado por diseño.

1. Sé intencional.

   ¿Dejarás tu legado por diseño o por casualidad? De cualquier manera, una cosa es segura: ¡dejarás un legado! Sé intencional soñando primero lo que quieres que sea ese legado. ¿Por qué palabras, principios y valores quieres que se conozca a tu familia? ¿Qué reputación y marca quieres que tenga tu familia? Cuando la gente habla de tu familia, ¿qué dice? Ahora, reclama esas palabras por las que quieres que se conozca a tu familia. A la familia Ziglar se le conoce por *esperanza* y *aliento*, *carácter* e *integridad*, y *constancia persistente*. Palabras como *amor*, *gratitud*, *bondad*, *valor*, *corazón servicial* y *seguidores de Cristo* todas son buenas para el legado que quieres diseñar. Una vez que tengas las palabras y frases para tu familia, es hora de actuar. Y recuerda, nunca es tarde para comenzar. Puedes comenzar tomando decisiones pequeñas hoy que causen un impacto en tu legado, sin importar en qué etapa de la vida estés.

2. Crea momentos de legado diarios.

   ¿Tienes sesenta segundos al día para crear a propósito un legado que se extienda por toda la eternidad? ¿Sabes cómo dejar un mensaje de texto o de voz, escribir una nota corta, tener una breve conversación? ¡Claro que sí! Un momento de legado diario solo es usar una de tus palabras conocidas de manera intencional a fin de construir el legado de tu familia. Por ejemplo, uno de tus hijos demuestra la palabra de *valor* de tu familia al defender a una compañera de clase que están acosando en la escuela. Escríbele una nota o envíale un mensaje de texto diciendo: «Estoy orgulloso de ti y del valor que mostraste para defender a tu amiga ayer cuando los otros chicos la acosaban. ¡Sigue así!».

   Esta decisión sencilla y pequeña tiene un enorme impacto. Tyson Murphy, uno de mis clientes con quien he tenido el privilegio de trabajar en mi programa de asesoría, implementó este concepto en su familia. Cada día, antes de salir a la escuela o a la oficina, Tyson le escribe a cada uno de sus hijos una nota diciéndoles cuánto los ama y que está pensando en ellos. Solo tres semanas después de haber comenzado esta práctica, su esposa, Lacey, estuvo con nosotros en una de las sesiones de asesoría. Tanto Lacey como Tyson estaban sobrecogidos de emoción cuando me contaron del impacto que habían causado las notas. «Al principio, los niños no sabían qué pensar, pero ahora, tal parece que esperan sus notas», dijo Tyson. La expresión del rostro de Lacey me lo dijo todo. Esta decisión sencilla y pequeña había conectado a su familia como nunca se lo imaginaron.

3. Planifica cenas de legado semanales.

   ¿Cenan tu familia y tú con regularidad? ¡Claro que sí! El desafío es que las cenas familiares semanales a menudo son apresuradas y están llenas de distracciones, si es que suceden. ¡Es hora de recuperar a tu familia! Una vez a la semana, procura tener una conversación familiar alrededor de algo que está sucediendo en tu vida con relación a las palabras de la familia.

   Una cena de legado semanal solo es una conversación con tu familia mientras comen acerca de un evento o algo que sucede en la familia usando las palabras conocidas para determinar cómo responderá tu familia a esa situación. Por ejemplo, usa un tema candente o una situación en la escuela de la que todos están hablando. Analicen como familia lo que hace el mundo o la escuela en cuanto a esto, y qué pueden hacer ustedes como familia. Usen las palabras de la familia en la discusión; por ejemplo: «¿Cómo podemos hablarles a otros acerca de esta situación usando nuestras palabras de la familia como *amor*, *bondad* e *integridad*?».

4. Planea un evento de legado mensual.

   Esto es parecido a la cena de legado, pero mucho más intencional, pues el propósito es planear un evento de dos horas donde las palabras de legado familiar cobren vida. Un evento de legado no tiene que ser complicado, solo tiene que salirse de la rutina. Puedes hacer un almuerzo de picnic y llevar un juego de mesa a un parque local. Esto creará buenos recuerdos, y cuando hablen acerca de la vida y de las palabras de la familia, el mensaje será real. Otra idea es llevarle como familia un almuerzo a una vecina viuda o que no tiene facilidad de salir de la casa. ¡Demostrar las palabras de la familia es mucho más poderoso que expresarlas!

5. Planea una experiencia de legado anual.

   Una vez al año haz algo en grande en torno a las palabras de la familia. Puedes hacer que una experiencia sea increíble con solo planificarlo un poco, y esto te dará muchas oportunidades a lo largo del año para tener conversaciones intencionales acerca de tu familia. Puedes usar un par de ideas como estas: Construye un castillo de arena grande con tu familia y tómense una fotografía. Visiten un museo o un sitio histórico y, mientras aprenden, pídele a cada miembro que encuentre un ejemplo de las palabras de la familia a lo largo del día. Si tienes reuniones con tu familia extendida durante los días de fiesta, pídeles que narren historias y leyendas de la familia. Puedes preguntarle a un tío: «¿Cuál fue el acto de *bondad* más grande que le viste hacer a tu abuelo?».

Tú estás construyendo tu legado ya. La pregunta es: ¿será intencional o por casualidad? Estos cinco pasos te ayudarán a construir un legado por diseño.

Tercera decisión: Decide comenzar cada día a la perfección

....

> «La diferencia entre lo que eres y lo que quieres ser, es lo que haces».
>
> BILL PHILLIPS

....

El hábito más poderoso de mi vida es el que llamo el Comienzo Perfecto. Creo que cuando eliges crear este hábito, mejorarán todos los aspectos de tu vida. El comienzo perfecto solo es tu manera de comenzar el día. El objetivo es simple: hacer que tu vida le suceda a tu día y no que tu día le suceda a tu vida. Cada día planifico a propósito invertir la primera parte del día edificándome a mí mismo, planificar mi día, y lograr mis prioridades principales. Antes de presentarte mi comienzo perfecto personal quiero mostrarte algunas cosas que quiero que recuerdes.

No importa si eres una persona madrugadora. Si no es así, no pasa nada. Tu comienzo perfecto puede adaptarse a tus necesidades y puede ser corto. La clave es hacer que tu mente trabaje y piense de manera intencionada en lo que tienes que conseguir antes de ir a trabajar.

Comienza con algo pequeño. Yo invierto noventa minutos o más en mi comienzo perfecto, pero no empezó así. Diez minutos, y hasta cinco minutos, mientras aprendes este nuevo hábito está bien. Lo principal es hacerlo todos los días hasta que se convierta en un hábito. Yo prefiero que hagas diez minutos al día por sesenta y seis días que treinta minutos tres veces a la semana. El comienzo perfecto es un músculo que desarrollas. ¡No quieras correr un maratón la primera vez que salgas!

Elimina las distracciones. Yo hago mi comienzo perfecto a primera hora de la mañana. Me levanto, me hago café y comienzo. No leo correos, mensajes de texto, redes sociales, noticias, etc., hasta después de mi comienzo perfecto. La meta es poner la mente en el carril apropiado, luego planear el día y después abordar los objetivos del día.

Crea el tiempo. Haz tu comienzo perfecto a primera hora. Crea el tiempo levantándote un poco más temprano si es necesario. Es interesante cómo levantarse quince minutos antes y usar esos quince minutos haciendo un comienzo perfecto te paga el resto del día.

Aquí tienes mi comienzo perfecto, con explicaciones e ideas que puedes usar. No te limites a mis sugerencias, haz del comienzo perfecto tu comienzo perfecto.

Yo lo hago en mi oficina donde hay silencio y no tengo distracciones.

Tiempo	Actividad
5 minutos	Esta es mi tiempo de oración y devocional con Dios. Aprendí esta técnica de Bob Beaudine, quien escribió el libro 2 *Chairs*. Lo describo en el capítulo 3. Esta es una manera increíble de comenzar el día. Otras cosas que puedes hacer en este tiempo son la meditación y la reflexión sobre las cosas por las que estás agradecido.
20 minutos	Leer las Escrituras y los devocionales. La lección número uno que me enseñó papá fue la de elegir el aporte adecuado para mi vida. Comienzo con la Palabra de Dios. Esto me edifica de manera mental y espiritual. También puedes leer libros inspiradores y educativos que son edificantes y te ayudan a desarrollar la persona que quieres llegar a ser. Las tarjetas Ziglar de diálogo interno son excelentes para leerlas en voz alta durante este tiempo.

5 minutos	Diario. Escribo una entrada breve todos los días: de una a cinco oraciones sobre mis pensamientos, sentimientos y percepciones. Qué gran manera de recordar lo que es importante.
10 minutos	El planificador de desempeño Ziglar. Escribo mis metas diarias, objetivos y tareas pendientes para el día y reviso el día anterior para ver si hice lo que dije que iba a hacer. Me encanta la intencionalidad de esto, pues me da un plan y mucha paz sobre lo que pretendo lograr durante el día. Esto me hace rendir cuentas y avanzar en mis objetivos principales. En el capítulo 3 tratamos el sistema de fijación de objetivos, y aquí es donde le doy continuidad a mi progreso diario.
5 minutos	El modelo mental. En mi planificador de desempeño anoto las llamadas telefónicas importantes, las reuniones personales y las presentaciones que tengo programadas para el día. A continuación, hago un «modelo mental» de sesenta segundos sobre cómo me imagino que será cada una de esas citas. Preveo qué preguntas y necesidades pueden tener las otras personas. Pienso en sus estilos de personalidad y en qué resultados serían beneficiosos para todos. Es increíble cómo el hecho de dedicar solo sesenta segundos a cada cita del día tiene un impacto tan positivo en los resultados.
45 minutos	La cosa única. ¿Cuál es el objetivo más importante que debes lograr? Podría ser terminar un proyecto, escribir tu libro, limpiar tu bandeja de entrada, hacer ejercicio, etc. La clave aquí es hacer algo que sea importante y no necesariamente urgente. Como puedes imaginar, para mí esto casi siempre es escribir o preparar una presentación. La buena noticia es que puedes decidir tu única cosa.

Ahí lo tienes, mi comienzo perfecto. ¿Cómo será el tuyo? ¡Depende de ti!

Si no sabes por dónde, empezar o no tienes mucho tiempo, te sugiero que comiences así.

3 minutos	Escribe tres cosas por las que estés agradecido y medita sobre las cosas buenas que suceden en tu vida.
3 minutos	Lee una de las tarjetas Ziglar de diálogo interno o algo igualmente edificante e inspirador.
4 minutos	Escribe tus principales metas y tareas del día, y lleva la lista contigo para no perder el rumbo.

¡Llegó tu turno! Crea tu propio comienzo perfecto.

Revisa tu gran *por qué*, tus deseos, tus sueños y tus metas. Reflexiona en el legado que quieres dejar, e imagínate el poder y el impacto que *Solo comienza* causará en tu vida. Ahora crea tu propio comienzo perfecto que ayudará a que esto sea una realidad en tu propia vida. Crea el comienzo perfecto en tu diario bajo los títulos «Tiempo» y «Actividad», usando el mío como modelo.

Capítulo 13

DECIDE VIVIR UNA VIDA CON PROPÓSITO

Vivir una vida con propósito es una decisión. Creo que a todos nos crearon con un propósito y para un propósito. También sé que casi todos luchan con esto en algún momento de su vida. Después de todo, ¿cómo sabes si vives tu propósito?

A continuación, hay tres decisiones que puedes tomar y que te guiarán mientras vives tu vida con un propósito. La inspiración para estas tres opciones vino de Fred Smith Jr., el hijo de Fred Smith, quien fue el mentor de papá.

1. DECIDE CONOCER LA FUENTE DE TUS DONES Y TALENTOS

Me encanta este sencillo concepto. Decide *conocer* la Fuente. Creo que tu Creador quiere tener una relación contigo. No es cosa de religión, sino de relación. Por eso el concepto de Bob Beaudine de las dos sillas es tan poderoso. Imagínate que Dios viene a conversar contigo cara a cara. ¡Lo hará!

Ahora que buscas una relación con la Fuente de tus dones y talentos, sucede algo mágico. Te ves obligado a darte cuenta de que eres especial, único, y no hay otro en el universo como tú. Cuando reconoces que Dios es la Fuente de tus dones y talentos, creas una actitud de gratitud en tu espíritu. Darle gracias a Dios por lo que te ha dado desata el poder que está atrapado en ti. Tú tienes dones y talentos que solo tú puedes usar, y Dios tiene gente esperando para que uses tus dones y talentos a fin de poderlos bendecir.

Mi amigo Trenell Walker vive una vida con propósito increíble. La vida de Trenell no ha sido fácil. A los catorce años quedó paralítico del cuello hacia abajo por un accidente de fútbol. Todo cambió en un instante para él. Con el correr del tiempo, y hasta el día de hoy, Trenell ha crecido en su relación con Dios, y sus dones y talentos únicos continúan perfeccionándose según el hierro se afila con el hierro. Trenell es un poderoso orador y asesor, y cuando habla, la gente escucha. El poder de Dios, combinado con los dones y talentos únicos de Trenell, está cambiando muchas vidas, incluso la mía. Trenell llega a personas a las que pocos podemos llegar, pues su adversidad y cómo ha decidido manejarla son un testimonio que nadie puede desestimar.

«Pero espera», dices. «¿Cómo puede ser? Me han sucedido cosas terribles, y he hecho cosas terribles». Dios lo sabe. Y está esperando que le hagas esas preguntas. Él tiene una respuesta para ti que solo tu alma puede escuchar. Busca conocerle, y Él responderá las preguntas de tu corazón.

2. DECIDE TRABAJAR EN TUS DONES Y TALENTOS CON DETERMINACIÓN

En el capítulo 4, «Deseo, esperanza y determinación», la determinación es el mando del quemador de tu globo aerostático. La determinación es lo que marca la diferencia, lo que maximiza, la fuerza imparable. Sin embargo, la determinación solo logra esos resultados máximos cuando se aplica a tus dones y talentos. ¿Cuáles son tus dones y talentos? En este libro te damos recursos e ideas para ayudarte a identificar tus dones y talentos, y docenas de hábitos que puedes desarrollar que harán crecer esos dones y talentos. La parábola de los talentos la encontramos en Mateo 25. Tu propósito no está en lo que el Maestro no te dio, sino en lo que te dio.

Mi papá se crio en la pobreza, nunca le fue bien en la escuela, no se graduó en la universidad, tuvo un comienzo muy difícil en las ventas y tuvo pequeños sueños cuando era joven. No obstante, Dios le dio una voz increíble y la habilidad de comunicar algo complejo en términos sencillos. La mayoría de la gente no sabe que por más de cuarenta años papá dedicaba tres horas al día a leer, investigar y perfeccionar la manera de comunicar las lecciones más importantes de la vida. El legado de Zig Ziglar vive hoy porque él vivió agradecido de los dones que Dios le dio y se esforzó con determinación la mayor parte de su vida para mejorarlos.

3. DECIDE COMPARTIR TUS DONES Y TALENTOS CON AMOR Y HUMILDAD

¡Bum! ¡Ahí está! Cuando compartes tus dones y talentos con amor y humildad, se reciben, y el impacto es exponencial, tanto para ti como para quien los recibe, tal como lo planeó Dios. El ego, los motivos, el egoísmo, todo esto disminuye nuestros dones y talentos. El mundo cambia de día en día cuando solo seguimos el proceso de conocer la Fuente y estar agradecidos

por nuestros dones y talentos, trabajar en ellos con determinación y compartirlos con humildad y amor.

A los ochenta años, papá tuvo una terrible caída por las escaleras que resultó en un TCE, un traumatismo craneoencefálico. Esto le quitó la memoria a corto plazo y cambió su forma de dar discursos. Los últimos cuatro años de la carrera de papá como orador se hicieron en un formato de entrevista con mi hermana Julie. Ella le informaba al público por qué estaba allí, explicaba la lesión de papá y luego le hacía preguntas a papá y él respondía. Si papá repetía algo, Julie le recordaba que ya lo dijo y lo volvía a encaminar. Estas presentaciones produjeron comentarios fabulosos, pero a todos nos preocupaba la forma de expresarse de papá, puesto que queríamos lo mejor para él.

Una vez, hablando en Green Bay, Wisconsin, una de las amigas de Julie, psicóloga, estaba presente. Julie le pidió que escuchara la entrevista, mirara la reacción de la audiencia y le dijera si recibían bien a papá. Al final del día, la amiga de Julie le dijo que no había nada de qué preocuparse. Le dijo a Julie que había escuchado a muchos oradores excelentes ese día (hubo nueve oradores destacados, expertos y celebridades), pero solo uno de los oradores estaba allí solo para la audiencia. El amor y la preocupación de papá por la audiencia de más de diez mil personas todavía eran palpables. Sí, cuando compartes tus dones y talentos con amor, todo cambia, y esto te permite cumplir el propósito de Dios para ti, sin importar tus «limitaciones».

¡YO CREO!

¿Cómo no voy a creer?

Creo que puedes vivir una vida *Decide ganar*, una vida vivida a propósito para un propósito. Es más, creo que a todos nos han llamado para un propósito eterno. Mucha gente de diferentes trasfondos de fe me han hecho una pregunta simple: «¿Por qué crees en Cristo?». Mi respuesta siempre es la misma: «¿Cómo no voy a creer?». Entonces, les hablo acerca de los últimos días de papá en la tierra y algunos de los milagros que he visto.

Fue el Día de Acción de Gracias de 2012, y sería el primero sin tener juntos nuestra tradicional cena familiar debido a la frágil salud de papá. Nuestro plan era visitar a papá, que estaba recibiendo atención médica a tiempo completo, y luego comer en familia después de nuestro tiempo con él. El alzhéimer de papá se estaba agravando en esta etapa de su vida.

Cuando entramos en la habitación, nos dimos cuenta enseguida de que sucedía algo serio. Papá estaba teniendo problemas para respirar mientras lo atendían, y minutos después estábamos corriendo hacia el hospital. Lo ingresaron y empezaron a hacer todo lo posible por él. Un rato después nos llamaron a la sala de espera privada donde nadie quiere ir.

El médico nos dijo: «La condición de su padre es muy seria. Hemos hecho todo lo posible, y en unos cuarenta y cinco minutos sabremos si va a sobrevivir».

Fue un golpe duro. Una impresión fuerte. Me apuesto a que has recibido noticias similares en tu vida y puedes entender cómo nos sentíamos.

Antes de darme cuenta, estábamos de nuevo en la sala de espera con el médico. «Su padre no está respondiendo. No le queda mucho tiempo. Vayan y estén con él».

Estupefacto, quedé sentado con mi esposa y mi hija, mientras que el resto de la familia fue a estar con papá. Después que se marcharon todos, con excepción de nosotros tres, vi que el médico estaba de pie sosteniendo la puerta abierta. «Usted es el hijo, ¿verdad?», dijo. «He visto esto antes. Vaya ahora a estar con él». Un poco aturdido, fui para estar con papá.

Mientras estábamos a su lado, comenzó a recuperarse, y tomamos la decisión de moverlo a una habitación donde tendría mayor privacidad. Nos dijeron que tal vez falleciera durante las siguientes horas. Ahora papá estaba cómodo, pero no se podía comunicar.

Las horas se alargaron hasta la noche cuando mi hermana Julie dijo que necesitaba mostrarnos algo. Sacó su teléfono y nos enseñó un vídeo de cinco segundos que tomó hacía unas semanas mientras volvía a su casa después de visitar a papá y a mamá. En el vídeo se veía una hermosa nube en forma de Z. Era perfecta, como si un artista celestial la hubiera puesto ahí a propósito. Ninguno de nosotros había visto antes una nube en forma de Z. Supimos que pronto tendríamos que dar las noticias del fallecimiento de papá, y decidimos hacer un anuncio para la página web y Facebook con la nube en forma de Z. *Qué hermosa manera de recordar a papá*, pensamos.

A la mañana siguiente les pasamos un mensaje de texto a nuestros amigos más íntimos. Los pastores Jill y Jay Hellwig, quienes habían trabajado con nosotros por años, vinieron enseguida. De inmediato, comenzaron a orar por papá, y pudimos sentir la paz en la habitación. Después de un rato, Jill salió al pasillo. La observé mientras salía, y le vi que miró hacia la parte superior de la puerta. Una sonrisa grande apareció en su rostro y comenzó a reír con gozo.

«¿De qué te ríes?», le pregunté.

«Esto es perfecto», dijo. «El número sobre la puerta representa "nuevo comienzo" en hebreo».

Cuatro horas más tarde me di cuenta de lo perfecto que era ese número.

Un nuevo comienzo

Unas horas después que Jill y Jay se fueran, recibí una llamada de mi buen amigo Billy Cox. Billy era amigo íntimo de papá, y lo veía como mentor y amigo, que le había ayudado en gran manera durante toda su vida. Hablando con Billy, me di cuenta de que estaba consternado, y le dije que viniera enseguida. Pude ver el dolor y la preocupación en su rostro cuando llegó. De inmediato, tomó la mano de papá y comenzó a orar en silencio. Vi la cara de Billy relajarse mientras que la paz cubría su semblante.

Después de unos minutos, Billy se volvió a mí y me dijo: «Tom, perdóname que no vi tu texto enseguida. Estaba tomando una siesta; algo que nunca hago. Pensé que no iba a poder despedirme de tu papá. Estaba tomando una siesta porque varias noches atrás no pude dormir y necesitaba reponerme. No dormí bien esa noche porque estaba soñando con tu papá. Tom, nunca había soñado con él antes. ¿Has tenido alguna vez un sueño tan poderoso que te despiertas y cuando te vuelves a dormir el sueño comienza de nuevo? Esto me sucedió seis o siete veces. En el sueño, estaba sentado a la mesa con tu papá y yo lo miraba diciendo: "Zig, ¿es el final? *¿Es el final?*". Y cada vez que le preguntaba, él me miraba a los ojos y me decía: "No, Billy, es un nuevo comienzo"».

Tuvimos la bendición de tener a papá una semana más antes de que diera su último aliento. Al día siguiente, nos reunimos con Jack Graham, su pastor, que hablaría en el servicio fúnebre. El pastor Graham sacó el archivo de papá, y allí había una carta escrita por él con un bosquejo detallado del servicio. Todo lo que teníamos que hacer era escoger quién cantaría y si queríamos que alguien diera un mensaje. Papá dejó muy claro que su servicio sería una celebración, y que debíamos hablar de la esperanza que hay en Jesús.

Mientras nos marchábamos, me di cuenta de que habíamos hablado del servicio principal en la iglesia, pero no el del cementerio. El servicio junto a la tumba se había programado para la familia y los amigos íntimos para las nueve de la mañana y el de la iglesia sería a las once.

—Pastor —dije—, ¿qué haremos en el cementerio?

—¿Qué quieres hacer? —respondió.

—Corto y al grano; todo ya lo abarcamos en el servicio principal —le contesté.

—Perfecto, estoy de acuerdo. Yo me encargaré de todo —me dijo el pastor.

Más tarde, llamé a Julie por teléfono para ver cómo estaba. «Feliz por papá, pero triste por mí», me dijo. Todavía la puedo escuchar diciéndolo. Yo también me sentía igual.

La tarde siguiente estábamos todos con mamá en su casa, preparándonos para ir al velorio en la funeraria. «Tengo algo que mostrarles», dijo Julie mientras sacaba el vídeo con la nube en forma de Z. «Acabo de recordar que el vídeo tenía audio. Escuchen el mensaje».

Reprodujo el vídeo con el sonido al máximo. La persona en la radio en esos cinco segundos mencionó un pasaje bíblico: 1 Tesalonicenses 4:13-18. Nos miramos y buscamos una de las Biblias de papá para ver lo que decía el pasaje.

Aquí lo tienes:

> Tampoco queremos, hermanos, que ignoréis acerca de los que duermen, para que no os entristezcáis como los otros que no tienen esperanza. Porque si creemos que Jesús murió y resucitó, así también traerá Dios con Jesús a los que durmieron en él.

> Por lo cual os decimos esto en palabra del Señor: que nosotros que vivimos, que habremos quedado hasta la venida del Señor, no precederemos a los que durmieron. Porque el Señor mismo con voz de mando, con voz de arcángel, y con trompeta de Dios, descenderá del cielo; y los muertos en Cristo resucitarán primero. Luego nosotros los que vivimos, los que hayamos quedado, seremos arrebatados juntamente con ellos en las nubes para recibir al Señor en el aire, y así estaremos siempre con el Señor. Por tanto, alentaos los unos a los otros con estas palabras.

¡No lo podíamos creer! Dios nos había dado el mensaje perfecto para el momento apropiado. Fuimos al velorio llenos de esperanza y aliento, aunque estábamos tristes.

Primera de Tesalonicenses 4:13-18 nos habló en nuestro momento de necesidad. El versículo 13 dice que «no os entristezcáis como los otros que no tienen esperanza». Nuestra esperanza es Jesús, en Él está la vida eterna. Además, la palabra *esperanza* tiene un gran significado para los Ziglar. El programa de la televisión estadounidense *60 Minutes* nombró a papá «el mercader de la esperanza», y papá creía que su mensaje principal era traer esperanza y aliento al mundo. El versículo 14 era el mensaje perfecto que nos recordó que Cristo murió y resucitó para que todos tuviéramos vida eterna. Por si fuera poco, el versículo 17 tiene la palabra *nubes*, un recordatorio claro de que Dios puso la nube en forma de Z para que Julie la viera. Y este pasaje termina con el versículo 18: «Por tanto, alentaos los unos a los otros con estas palabras». El mayor don de papá era el don del aliento. Es más, como mencioné antes, su clase de Escuela Dominical por muchos años se llamaba Clase de los Alentadores.

A la mañana siguiente, todos estábamos sentados en el servicio junto a la tumba. El pastor Graham se levantó para comenzar el servicio y dijo: «Permítanme leerles un pasaje bíblico: 1 Tesalonicenses 4:13-18». Mis hermanas y yo nos miramos. ¡No lo podíamos creer! ¡El mismo pasaje! Cuando terminó el servicio, me dirigí al pastor Graham. «¿Alguien por casualidad le mostró el vídeo con la nube en forma de Z?», le pregunté. No tenía ni idea de lo que le estaba hablando. Todos nos fuimos a la iglesia para el servicio principal. Fue hermoso, y los deseos de papá se cumplieron.

(Puedes ver el vídeo de la nube en forma de Z aquí mismo. ¡Sube el volumen!).

ziglar.com/zcloud

¿CÓMO NO VOY A CREER?

Creo que a ti y a mí nos crearon con un propósito, que nacimos para ganar, ¡y que podemos vivir para ganar!

Yo, al igual que papá, creo que a todos nos diseñaron para el éxito y nos dotaron con la semilla de la grandeza. Creo que Cristo vino para que tuviéramos vida, y vida en abundancia, y que murió para que nosotros pudiéramos vivir.

Le pido a Dios que te bendiga ricamente y se revele a sí mismo a tu vida de manera poderosa. Te exhorto a que pases unos minutos a solas con Él, solo haciéndole las preguntas que hay en tu corazón. Escucha con atención... creo que Él tiene una palabra solo para ti.

Adelante... Te espera una vida con propósito. El éxito, el significado y el legado son el resultado de decisiones pequeñas y buenas que tomas una y otra vez, ¡y tú tienes lo que necesitas! A tu alcance está transformarte en la persona para la que te creó Dios. Comienza ahora, ahí donde estás y con lo que tienes, y añádele un poco más todos los días, decisión tras decisión. Si lo haces, tu legado se extenderá por toda la eternidad.

¡Decide ganar!

APÉNDICE

Ahora, el *cómo*

El sistema de establecimiento de metas Ziglar es probado y verdadero. Por más de cuatro décadas, cientos de miles de personas han usado este sistema para lograr lo que quieren. Te exhorto a que leas la siguiente sección varias veces. La primera vez para obtener una visión general. La segunda vez para comenzar a pensar de manera más profunda en tus sueños que deseas convertir en metas y luego en realidad. La tercera vez como participante activo, invirtiendo el tiempo necesario para sacar tus sueños y metas de tu cabeza y ponerlos en papel.

¿Por qué? Papá lo dijo mejor:

....

«Una meta bien establecida está
a mitad de camino».

ZIG ZIGLAR

....

EL SISTEMA DE ESTABLECIMIENTO DE METAS ZIGLAR

Primer paso de acción

Crea tu lista de sueños. Deja volar tu imaginación y escribe todo lo que quieres ser, hacer o tener. Si tienes familia, asegúrate de incluir a tu cónyuge y a tus hijos cuando establezcas tus metas. Este proceso te ayudará a canalizar la lógica de la parte izquierda del cerebro y la creatividad de la parte derecha, a fin de usar tu imaginación de manera más eficiente. La lista de sueños se crea mejor en un plazo de tres a cuatro días.

Comienza escribiendo todos los sueños que tienes y las metas que quieres lograr: la persona que quieres ser, lo que quieres hacer (carrera, actividades, etc.), y lo que quieres tener (la casa de tus sueños, cuenta de ahorros, etc.). Tu lista inicial puede tener quince, veinte, incluso cincuenta cosas. Ahora, durante las siguientes setenta y dos horas, sigue añadiéndole. Planea tiempo cada mañana o noche para revisar la lista y añadir. Mucha gente ha separado un fin de semana para crear su lista de sueños. Escribe las metas y los sueños en tu diario bajo el título: Lista de las cosas que quiero ser, hacer y tener.

Consejo: Mis buenos amigos Karen y Paul Sullivan planean fines de semana de ensueño anuales cuando van a un lugar tranquilo para revisar sus sueños y metas. Cada uno tiene una lista activa de cien metas y sueños que le gustaría alcanzar. Todos los años empiezan marcando las metas y sueños alcanzados el año anterior. A continuación, agregan a sus listas nuevos sueños y metas, y eliminan metas que ya no son importantes. Esta es la mejor parte: intercambian las listas para saber los sueños y las metas del otro, y a través del año buscan formas de ayudarse el uno al otro. Por ejemplo, si Paul sabe que Karen quiere viajar a cierta ciudad, le avisa cuando tiene un viaje de negocios cerca y planean viajar juntos. ¿Qué maravilloso es cuando tus seres queridos te ayudan a lograr tus metas?

Segundo paso de acción

Espera de veinticuatro a cuarenta y ocho horas, y luego responde la pregunta del *por qué* para cada elemento que escribiste en tu lista de sueños. Usa un bolígrafo de diferente color y en una oración expresa por qué quieres ser, hacer o tener lo que escribiste. Si no puedes responder a la pregunta del por qué, no es una meta ni un sueño real, así que adelante, táchala de tu lista.

Tercer paso de acción

Haz estas cinco preguntas para cada sueño o meta en tu lista. Las cinco preguntas deben responderse con un sí para que el sueño o la meta permanezcan en tu lista.

1. *¿Es en realidad mi meta?* Si eres un menor que vive con tus padres, empleado o miembro de un equipo, tu entrenador, director, padre o empleador establecerá algunas de tus metas.
2. *¿Es adecuada y justa en lo moral para todos los interesados?* Algunas metas quizá requieran tanto tiempo o atención que dañen tu relación con otros. La meta de recorrer los Estados Unidos puede ser fenomenal cuando eres soltero y tienes veintidós años, pero no si estás casado y tienes hijos menores de cinco años.

3. *¿Es coherente con mis otras metas?* No puedes tener una meta de ganar un concurso de comer perritos calientes y tener una salud física perfecta al mismo tiempo.
4. *¿Puedo comprometerme de manera emocional para lograr esta meta?* ¿Te comprometes?
5. *¿Me veo alcanzando esta meta?*

Nota: Responder estas preguntas puede reducir aún más la cantidad de sueños en tu lista de cosas que de verdad quieres ser, hacer o tener, así que tacha los no. Contestar las preguntas 2 y 3 te ayudará mucho para tomar las decisiones importantes en todas las esferas de tu vida, sobre todo en las finanzas.

Cuarto paso de acción

Con los que te quedan, hazte estas preguntas: ¿Alcanzar esta meta me hará...

más feliz?
más saludable?
más próspero?
tener más amigos?
tener más paz mental?
sentir más seguro?
mejorar en mis relaciones con otros?
tener esperanza en el futuro?

Si no puedes contestar sí a por lo menos una de estas preguntas, elimina esta meta de la lista. Cuidado: No confundas el placer con la felicidad. Asegúrate de considerar a tu familia al responder estas preguntas.

Quinto paso de acción

Divide las metas que quedan en tres categorías:

- A corto plazo (un mes o menos)
- Intermedio (de un mes a un año)
- A largo plazo (un año o más)

Ahora márcalas con CP (corto plazo), I (intermedio) o LP (largo plazo) en tu lista de cosas que de verdad quieres ser, hacer o tener. *Adelante. Hazlo ahora.* Este paso te ayudará a determinar con rapidez si tienes o no una perspectiva equilibrada entre lo que necesitas hacer versus tus sueños para el futuro.

Recuerda:

- *Algunas* metas deben ser grandes (fuera de tu alcance, no fuera de la vista) para que te esfuerces y crezcas a tu máximo potencial.
- *Algunas* metas deben ser a largo plazo para mantenerte encaminado y reducir al máximo la posibilidad de frustrarte con las metas a corto plazo.
- *Algunas* metas deben ser pequeñas y diarias para mantenerte disciplinado y conectado a la realidad de la mundanalidad de la vida cotidiana.
- *Algunas* metas deben ser continuas.
- *Algunas* metas (ventas, educación, financieras, pérdida de peso, etc.) necesitan análisis y consultas para determinar dónde estás antes de establecerlas.
- *La mayoría* de las metas deben ser específicas. Una «buena casa» no es lo mismo que «una casa de doscientos ochenta metros cuadrados, estilo Tudor, con

cuatro dormitorios, tres baños completos y dos salas de estar». Algunas metas, como mejorar tu imagen, ser mejor padre o recibir mejor educación son más difíciles de identificar. Las que son menos específicas pueden desglosarse en pasos concretos y tangibles. Por ejemplo, un paso para ser mejor padre puede ser «tener una hora de tiempo personal con cada hijo una vez a la semana».

Sexto paso de acción

De las metas que quedan, escoge en oración las cuatro (recuerda que el equilibrio es clave) que son más importantes en este momento. Escríbelas en tu diario.

Si esta es tu primera experiencia organizada de establecimiento de metas, es posible que desees comenzar con dos o tres metas a corto plazo.

Importante: Ahora crea una página en el diario llamada «Registro de mi progreso» y anota ahí las metas (Meta/Fecha de inicio/Fecha alcanzada). Te sentirás muy alentado al registrar las metas que logres a través del año, así que asegúrate de añadirle a la página nuevas metas que te propongas. Tu confianza, tu autoestima y tu habilidad para lograr las metas mejorarán de manera extraordinaria.

Séptimo paso de acción

Anota estas cuatro metas en un «Cuadro para el proceso de metas» que crees en tu diario (a continuación las instrucciones) o visita www.ziglar.com/ChooseToWin para descargar las copias. Quizá quieras considerar el Planificador Ziglar de Desempeño, que es el diario de un año para rastrear las metas, y que puedes usar mientras trabajas por ellas. También lo encontrarás en www.ziglar.com/ChooseToWin.

CUADRO GENERAL PARA EL PROCESO DE METAS

A continuación tienes un ejemplo de una meta que me tracé mientras escribía este libro. Este ejemplo te ayudará a comprender mejor cómo rellenar un «Cuadro general para el proceso de metas» para tus propias metas. (Consulta la página 8 del planificador de desempeño Ziglar).

Primer paso: Identifica tu meta

Disfruto de un peso saludable de ochenta kilos con una cintura de noventa centímetros.

Consejo: Pon la meta en primera persona, en tiempo presente. Tu subconsciente trabajará para hacerla realidad mientras te concentras en ella cada día.

Segundo paso: Mis beneficios por lograr esta meta

- Más energía, menos enfermedad
- Luzco y me siento mejor
- Más confianza
- Una vida más larga
- Mejor resistencia
- Más productividad
- Mejor concentración y claridad
- Mejor actitud y disposición
- Más creatividad

- Mejor ejemplo
- Más bajos costos de seguro y cuidado de salud
- Poder correr tras los nietos que espero tener

Consejo: Cuanto más larga y detallada sea la lista de beneficios, más probable será que la cumplas. Rellena esta sección y pídeles a otros que te den ideas sobre beneficios adicionales.

Tercer paso: Principales obstáculos y montañas que escalar para alcanzar esta meta

- Falta de disciplina
- Calendario de viajes
- Amor por los carbohidratos
- Malos hábitos alimenticios, como comer tarde en la noche
- Mal estado físico
- Tiempo

Cuarto paso: Habilidades y conocimientos necesarios para alcanzar esta meta

- Conocimiento de alimentación saludable basado en mi tipo de cuerpo
- Rutinas de ejercicio que puedo utilizar en función de mi condición física
- Cómo dormir mejor

Quinto paso: Personas, grupos, empresas y organizaciones con los que trabajar para alcanzar esta meta

- Dr. Randall James
- Nutricionista

- Chachis
- Scott Eriksson (*NERDbody*)

Sexto paso: Plan de acción para alcanzar esta meta

- Comprometerme a darle continuidad a diario
- Ayunar entre 7:30 p. m. y 11:00 a. m.
- Cuatro sesiones de cuerpo o movimiento con *NERDbody*
- Cuatro caminatas semanales de más de treinta minutos cada una
- Dieta baja en carbohidratos, y evitar alimentos procesados y con químicos
- Beber tres litros de agua al día
- Tener siempre conmigo una merienda saludable

Séptimo paso: Fecha de terminación

¡Ahora es tu turno! Establece una fecha realista para terminar la meta. Adelante, escribe tu propia meta en tu diario, usando los siguientes encabezamientos, o descarga la hoja de trabajo de www.ziglar.com/ChooseToWin.

Primer paso: Identifica tu meta
Segundo paso: Mis beneficios por lograr esta meta
Tercer paso: Principales obstáculos y montañas que escalar para alcanzar esta meta
Cuarto paso: Habilidades y conocimientos necesarios para alcanzar esta meta
Quinto paso: Personas, grupos, empresas y organizaciones con los que trabajar para alcanzar esta meta
Séptimo paso: Fecha de terminación

Octavo paso: Rellena el cuadro general para el proceso de metas

Toma las metas adicionales que relacionaste en las cosas en tu lista de cosas que de verdad quieres ser, hacer o tener, y escribe cada una en el «Cuadro general para el proceso de metas». Lleva cada meta por el mismo proceso que usaste en los pasos de acción del primero al séptimo. Recuerda, puedes descargar esta actividad completa con hojas de trabajo de muestra o comprar el planificador de desempeño Ziglar en www.ziglar.com/ChooseToWin.

Hazlo ahora. Recuerda, la motivación viene después de empezar el proyecto.

¡Felicidades! Has invertido más tiempo en la planificación de tu futuro que el que la mayoría de tus amigos, parientes y socios lo harán jamás. Ahora viene la parte divertida. Has convertido tus sueños en metas, ¡ya es hora de hacer realidad tus metas!

Es hora de comenzar a invertir ocho minutos al día revisando y trabajando en tus metas. De nuevo, te recomiendo el planificador de desempeño Ziglar para esto, pero quiero darte un proceso sencillo y una hoja de trabajo que puedes usar para empezar ahora mismo.

Comienza escribiendo las cuatro metas en las que vas a trabajar esta semana. Entonces, cada día escribe lo que vas a hacer ese día para trabajar en la meta. El próximo día escribe lo que lograste el día anterior, y escribe lo que harás al día siguiente. Esto repítelo a diario. Una buena práctica es revisar las metas a primera hora de la mañana antes de que comience el día, y a última hora antes de ir a dormir. No hay nada mejor que soñar con lograr tus sueños y metas.

Uno de los hábitos de mi padre era trabajar en sus metas en la mañana y poner el planificador de desempeño debajo de la almohada en la cama. Así, cuando se acostaba, revisaba las metas una vez más. ¡Estos son ocho minutos que transformarán de veras tu vida!

Crea un registro de desempeño personal semanal en tu diario (o lo puedes descargar en www.ziglar.com/ChooseToWin).

TAREAS PENDIENTES

¡Ahora sabes cómo obtener lo que quieres! La parte más difícil está hecha, el resto es solo trabajo.

Tengo un reto para ti. Piensa en las cuatro metas principales que te gustaría alcanzar en los próximos doce meses. ¿Cuánto valor tendría para ti si lograras al menos un par de ellas? Según la meta que establezcas, puede valer miles de dólares, o una increíble satisfacción personal, o mejores relaciones en el trabajo y en tu casa. ¿Qué precio puedes ponerle a lograr una meta de bienestar y salud? La pregunta, mi amigo, no es: «¿Vale la pena?». La pregunta que te debes hacer es: «¿Haré lo que tengo que hacer cuando tenga que hacerlo para que llegue el día en que pueda hacer lo que quiero hacer cuando quiera hacerlo?».

Una simple reflexión para ti: La gente tiende a sobrestimar lo que puede conseguir en un período corto, y subestima lo que puede conseguir en un período largo. *Decide ganar* tiene que ver con el largo plazo. Tiene que ver con tomar las decisiones adecuadas y hacer las cosas pequeñas apropiadas a diario que, con el tiempo, crearán una vida estupenda. Vas por el buen camino, ¡y tienes lo que necesitas!

Si no estás seguro dónde comenzar, ¿por qué no lo haces con «primero es lo primero»?

Muchas veces las personas se sienten abrumadas con el establecimiento de metas y cómo o dónde comenzar su propio plan. Ahora que sabes cómo establecer una buena meta, permíteme darte un punto de partida para que puedas comenzar a desarrollar el hábito de crear buenos hábitos.

Durante el primer mes de tu jornada de establecer y llevar a cabo tus metas, y tal vez para siempre, te recomiendo que una de tus metas sea revisar las metas y registrar tus prioridades antes de hacer cualquier otra tarea, incluida la de revisar el correo electrónico, los mensajes de texto o las redes sociales. A esto le llamo el comienzo perfecto. Esto es lo que yo hago todos los días, y una de mis metas permanentes y continuas es: Hacer primero lo primero (p. 48).

TARJETAS ZIGLAR DE DIÁLOGO INTERNO

Un procedimiento que transforma la vida

Los ojos son las ventanas del alma. Así que, para la persona que eres capaz de llegar a ser, cada noche, justo antes de irte a la cama, ponte delante de un espejo a solas y en primera persona, en tiempo presente, mírate a los ojos y repite con pasión y entusiasmo los párrafos A, B, C y D. Repite este proceso cada mañana y cada noche a partir de este día. En el plazo de una semana notarás cambios notables en tu vida. Al cabo de treinta días, agrega el procedimiento en la parte inferior de esta tarjeta.

A

«Yo, ______________, soy honrado, inteligente, organizado, responsable, comprometido, educable, sobrio, leal y que tiene claro que sin importar de quién firme mi cheque de pago, soy un trabajador autónomo. Soy una persona optimista, puntual, entusiasta, que se fija metas, que trabaja con iniciativa y que es disciplinada, centrada, fiable, que piensa de forma positiva y persistente que tiene un gran dominio propio, y soy una persona enérgica y diligente que trabaja en equipo y que aprecia la oportunidad que me ofrece mi empresa y el sistema de libre empresa. Soy ahorrativo con mis recursos y aplico el sentido común a mis tareas diarias. Me enorgullezco sinceramente de mi competencia, apariencia y modales, y estoy motivado para ser y hacer lo mejor que pueda a fin de que mi autoestima saludable permanezca en una base sólida. Estas son las cualidades que me permiten lidiar conmigo mismo y me ayudan a tener seguridad laboral en un mundo sin seguridad laboral».

B

Yo, ____________________, soy una persona alentadora, compasiva, respetuosa, considerada, generosa, amable, paciente, afectuosa, sensible, agradable, atenta y amante de la diversión. Soy un ser humano servicial, generoso y perdonador, puro, amable, desinteresado, cariñoso, amoroso, orientado a la familia, y soy un buen oyente sincero de mente abierta, sé encontrar lo bueno y soy digno de confianza. Estas son las cualidades que me permiten entablar buenas relaciones con mis socios, vecinos, cónyuge y familia».

C

«Yo, ____________________, soy una persona íntegra, con la fe y la sabiduría para saber lo que debo hacer, y con el valor y las convicciones necesarias para llevarlo a cabo. Tengo la visión para dirigirme a mí mismo y liderar a otros. Soy conocedor, confiado y humildemente agradecido por la oportunidad que me ofrece la vida. Soy justo, flexible, ingenioso, creativo, bien informado, decisivo y que trabaja más de lo esperado con la actitud de un servidor que se comunica bien con los demás. Soy un profesor coherente, pragmático, con carácter y muy buen sentido del humor. Soy una persona honorable y equilibrada en mi vida personal, familiar y empresarial, y me apasiona ser, hacer y aprender más hoy, a fin de poder ser, hacer y tener más mañana».

D

«Estas son las cualidades del ganador que nací para ser, y estoy comprometido por completo a desarrollar estas excelentes cualidades que se me han confiado. Esta noche voy a dormir maravillosamente bien. Tendré sueños poderosos y positivos. Me despertaré con energía y renovado; el día de mañana va a ser magnífico, y mi futuro es ilimitado. Reconocer, reclamar y desarrollar estas cualidades que ya tengo me da una oportunidad genuina de ser más feliz, más saludable, más próspero, más seguro, tener más amigos, mayor tranquilidad, mejores relaciones familiares y una esperanza legítima de que el futuro será aún mejor».

REPITE EL PROCESO A LA MAÑANA SIGUIENTE Y TERMINA CON ESTAS PALABRAS:

«Estas son las cualidades del ganador que nací para ser, y las desarrollaré y las usaré para lograr mis objetivos dignos. Hoy es un nuevo día, y es mío para usarlo de una manera maravillosa y productiva».

DESPUÉS DE 30 DÍAS, AÑADE EL SIGUIENTE PASO:

Elige tu cualidad más fuerte y la que consideres que necesita más trabajo. Por ejemplo: Más fuerte: honrado. Necesita más trabajo: organizado. En otra tarjeta de 3 x 5, escribe: «Yo, __________, soy una persona honrada por completo, y cada día me organizo mucho mejor». Mantén esta tarjeta de 3 x 5 a mano y léela en voz alta cada vez que tengas la oportunidad durante una semana. Repite este proceso con la segunda cualidad más fuerte y la segunda que necesita más trabajo. Haz esto hasta que completes toda la lista. Utiliza este procedimiento de diálogo interno siempre que desees conseguir más de las cosas que puede comprar el dinero y todas las cosas que no puede comprar el dinero.

Nota: Debido a experiencias negativas del pasado (traiciones, abuso, etc.), puede que haya una o dos palabras que te traigan recuerdos desagradables (por ejemplo: *disciplina*). Elimina la palabra o sustitúyela por otra.

MI COMPROMISO PERSONAL

Yo, __________________________, me tomo en serio lo de establecer y alcanzar mis metas en mi vida, así que en este día _______ de _______________ de 20_____, me prometo a mí mismo que daré el primer paso para establecer esos objetivos.

Estoy dispuesto a cambiar los placeres temporales de la búsqueda de la felicidad y a buscar la excelencia en la búsqueda de mis metas. Estoy dispuesto a disciplinar mis apetitos físicos y emocionales para lograr las metas a largo plazo de felicidad y éxito. Reconozco que para alcanzar mis metas debo crecer en lo personal y tener la actitud mental adecuada, por lo que prometo aumentar mis conocimientos de manera específica en el campo elegido, y leer con regularidad libros y revistas de crecimiento positivo. También asistiré a conferencias y seminarios, tomaré cursos de crecimiento y desarrollo personal. Usaré mi tiempo con más eficiencia inscribiéndome en la Universidad del Automóvil y escuchando grabaciones motivadoras y educativas mientras conduzco o hago las tareas de rutina en la casa o en el patio. Mantendré una lista de mis actividades, incluidas las fechas de finalización de cada proyecto, en mi programa de metas. Además, me comprometo a hacer una lista de buenas ideas (mías y de otros), y anotar pensamientos, frases poderosas y citas que tengan significado para mí.

Fecha Firma

RECONOCIMIENTOS

A mi hermosa esposa, Chachis, y mi maravillosa hija, Alexandra, quienes me motivan y me inspiran cada día. Mis hermanas, Cindy y Julie, que me animan en todo lo que hago. A mi agente, amigo y confidente de más de veinte años, Bruce Barbour. Mi amigo, Bob Beaudine, con quien abandono el planeta mientras soñamos con todo lo que Dios tiene para nosotros.

Mi amigo, socio, mayor simpatizante y el hombre que me ha ayudado a crecer más que cualquier otro después de mi padre, Howard Partridge. Michael Norton, mi «hombre de las cuerdas» y amigo, a quien le encanta transformar vidas tanto como a mí. Scott Eriksson, mi íntimo amigo y «hermanito», que me hace pensar de manera diferente en casi todo. David Wright, mi compañero de asesoría, que saca lo mejor de todo el mundo, incluso de mí. Laurie Magers, quien ha protegido el nombre Ziglar y su reputación por cuarenta y un años, y me hace ver bien. Krish Dhanam, por toda su ingeniosidad, sabiduría y lealtad a nuestra familia por más de dos décadas, y por darme el primer título para el libro, *Vive para ganar*, el cual se convirtió en *Decide ganar*. Bryan Flanagan, por ser mi asesor en muchas ocasiones y por tener el valor de decirme lo adecuado en el momento apropiado. Mark Timm, por tener la gran visión de nuevos caminos para Ziglar a fin de ganar y ayudar a más personas, y por ayudarme a dar el paso para lograrlos.

Kevin Miller, el presentador de *The Ziglar Show*, quien me desafía a pensar de manera profunda y hace un fantástico trabajo llevando el mensaje Ziglar al mundo de los pódcasts. Charles Ho, John Rouse y Tyson Murphy, quienes han caminado en profundidad en el enfoque de *Decide ganar*, y me han ayudado a crecer en el proceso. Mis mentores, a quienes llamo amigos y seguidores de la misión de Ziglar y míos: Seth Godin, rabino Daniel Lapin, Steve McKnight, Dave Ramsey y Bob Tiede. Dale Dodso, quien estuvo presente cuando más lo necesitaba. DeWayne Owens, quien ora por mí siempre. Brian Hampton y Jenny Baumgartner, y su trabajo en Thomas Nelson, por hacer este libro una realidad. Sobre todo, quiero reconocer a mi Señor y Salvador, Jesucristo. He visto demasiados milagros para no creer. Mi oración es para que este libro le traiga honra al Nombre que es sobre todo Nombre.

NOTAS

Capítulo 3: Metas

1. Bob Beaudine, *2 Chairs*, Worthy Books, Franklin, TN, 2016.

Capítulo 4: Deseo, esperanza y determinación

1. *American Dictionary of the English Language* en línea, edición de 1828, bajo la palabra «desire», http://webstersdictionary1828.com/Dictionary/desire.
2. Ángela Duckworth, *Grit: El poder de la pasión y la perseverancia*, Ediciones Urano S. A., Barcelona, España, 2017.

Capítulo 6: Espiritual

1. Daniel Lapin, *Rabbi Daniel Lapin Podcast*, rabbidaniellapin.com/podcast.
2. Seth Godin, *Seth's blog* (blog), https://seths.blog/.
3. Robert Waldinger, «What Makes a Good Life? Lessons from the Longest Study on Happiness», TEDx, noviembre de 2015, https://www.ted.com/talks/robert_waldinger_what_makes_a_good_life_lessons_from_the_longest_study_on_happiness.
4. *American Dictionary of the English Language* en línea, edición de 1828, bajo la palabra «integrity», http://webstersdictionary1828.comDictionary/integrity.

Capítulo 7: Física

1. https://ziglarshow.com/.

Capítulo 8: Familiar

1. Nota de la Editorial: Las frases se derivan del acrónimo que forma el apellido Hallas en inglés: **H:** Hard working; **A:** Adding value; **L:** Loving the Lord; **L:** Living joyfully; **A:** Applying knowledge; **S:** Serving others.

Capítulo 9: Financiera

1. Rabino Lapin, *Rabino Daniel Lapin Podcast*, rabbidaniellapin.com/podcast.

Capítulo 10: Personal

1. Bob Beaudine, *The Power of Who*, Center Street, 2009.
2. Laura F. Friedman y Kevin Loria, «11 Scientific Reasons You Should Be Spending More Time Outdoors», *Business Insider*, 22 de abril de 2016, http://www.businessinsider.com/scientific-benefits-of-nature-outdoors-2016-4/#1-memoria-a-corto-plazo-mejorada-1.
3. Karen Ann Moore, *What a Great Word*, FaithWords, 2018.

Capítulo 11: Profesional

1. Beaudine, *The Power of Who.*

SOBRE EL AUTOR

Tom Ziglar es el hijo orgulloso de Zig Ziglar y el presidente ejecutivo de *Ziglar, Inc.* Se unió a la *Zig Ziglar Corporation* en 1987 y pasó de trabajar en el almacén a las ventas, a la gerencia y luego al liderazgo. Hoy en día, da conferencias por todo el mundo; presenta *The Ziglar Show*, uno de los pódcasts de negocios más prestigiosos, y mantiene la filosofía de Ziglar: «Puedes tener todo lo que quieras en la vida si ayudas lo suficiente a otras personas a conseguir lo que quieren». Tom y su esposa, Chachis, tienen una hija y residen en Plano, Texas.